Lieben Sie doch, wie Sie wollen!

Lieben Sie doch, wie Sie wollen!

Maja Storch

Maja Storch

Lieben Sie doch, wie Sie wollen!

Mit dem Strudelwurm auf
dem Weg ins Beziehungsglück

Maja Storch, Dr.
Institut für Selbstmanagement und Motivation Zürich ISMZ
Scheuchzerstrasse 21
8006 Zürich
Schweiz
maja.storch@ismz.ch

Bibliografische Information der Deutschen Nationalbibliothek
Die Deutsche Nationalbibliothek verzeichnet diese Publikation in der Deutschen Nationalbibliografie; detaillierte bibliografische Daten sind im Internet über http://www.dnb.de abrufbar.

Anregungen und Zuschriften bitte an:
Hogrefe AG
Lektorat Psychologie
Länggass-Strasse 76
3000 Bern 9
Schweiz
Tel: +41 31 300 45 00
E-Mail: verlag@hogrefe.ch
Internet: http://www.hogrefe.ch

Lektorat: Dr. Susanne Lauri
Bearbeitung: Maria Schorpp, Konstanz
Herstellung: René Tschirren
Gesamtgestaltung: Claude Borer, Riehen
Druck und buchbinderische Verarbeitung: Finidr s.r.o. Český Těšín
Printed in Czech Republic
Auf säurefreiem Papier gedruckt

1. Auflage 2017

(E-Book-ISBN_PDF 978-3-456-95650-3)
(E-Book-ISBN_EPUB 978-3-456-75650-9)
ISBN 978-3-456-85650-6
http://doi.org/10.1024/85650-000

Inhalt

Einleitung

Vor einigen Jahren schrieb ich ein Buch mit dem Titel „Machen Sie doch, was Sie wollen! – Wie ein Strudelwurm den Weg zu Zufriedenheit und Freiheit zeigt“. Die Hauptperson dieses Buches ist ein kleiner Strudelwurm, ein liebenswürdiges, harmloses Wesen, das noch keine Geschlechtsunterschiede kennt und sein Überleben mit einem ganz einfachen Nervensystem sichert. Das Bild vom Strudelwurm sollte als Hilfe bei der Erklärung des Prinzips sogenannter Zwei-Prozess-Theorien aus der Psychologie dienen. Diese Theorien gehen davon aus, dass der Mensch über zwei Bewertungssysteme verfügt, um Situationen zu beurteilen: den Verstand und das Unbewusste. Das Würmli steht für das zweite System – das Unbewusste.

Ich habe die Metapher des Strudelwurms ursprünglich für meine Studierenden an der Universität Zürich erfunden, um ihnen die komplizierten Zwei-Prozess-Theorien alltagstauglich nahezubringen und ihnen deren Nützlichkeit aufzuzeigen. Ganz viele der Probleme, die Menschen mit dem eigenen Selbstmanagement haben, lassen sich mit der Funktionsweise des Unbewussten gut erklären. In der Sprache der Wurm-Metapher: indem man die Welt aus den Augen des Strudelwürmlis betrachtet.

Das Würmli hat ganz schnell den Weg aus der Universität herausgefunden, und viele Menschen haben seither seine Bekanntschaft gemacht. Immer wieder erweist es sich, dass die Wurm-Metapher gut dabei hilft, sich selbst besser zu verstehen. Ich habe in den vergangenen Jahren zahlreiche Vorträge zur Thematik Selbstmanagement gehalten und jede Menge Zuhörerinnen und Zuhörer gehabt. Obwohl ich in meinen Vorträgen immer nur über das Thema Selbstmanagement gesprochen habe, bekam ich nach einiger Zeit interessante Rückmeldungen: Mir wurde berichtet, dass das Wissen über das Würmli die Kommunikation in Paarbeziehung entscheidend verbessert habe. „Seitdem wir in Wurm-Sprache miteinander reden, streiten wir viel seltener", „Wir sagen einfach ‚grmpfl', und der andere weiß sofort, was gemeint ist", „Wir besprechen strittige Themen in der Familie jetzt mit einer Wurm-Konferenz, und unsere Lösungen sind viel zufriedenstellender geworden".

Solche Rückmeldungen waren für mich zunächst überraschend, denn ich hatte über das Würmli noch gar nie hinsichtlich der Interaktion mit anderen Würmern nachgedacht. Aber natürlich ist es naheliegend, dass man auch mit anderen Menschen besser umgehen kann, wenn man einiges über das Unbewusste und seine Funktionsweise weiß. Allmählich reifte die Idee in mir, ein Buch über den Wurm in der Liebe zu schreiben. Seit einigen Jahren habe ich Material gesammelt. Zuletzt war mein Ideenkorb so prall gefüllt, dass daraus ein Buch entstehen konnte.

Ich gehe in diesem Buch davon aus, dass die meisten Leserinnen und Leser die Wurm-Metapher aus dem ersten Wurm-Buch schon kennen, darum verwende ich nicht mehr viele Seiten darauf, diese Metapher einzuführen. Das Würmli wird relativ flott vorgestellt – Wurm-Kennerinnen und Wurm-Kenner können das erste Kapitel auch einfach überspringen. Wie auch immer – danach stürzen wir uns unverzüglich auf die diversen Themen der Liebe.

Mir hat das Schreiben großen Spaß gemacht, und ich wünsche mir, dass es meinen Leserinnen und Lesern bei der Lektüre genauso geht!

Maja Storch

Maja Storch

Der Strudelwurm

Dies ist das Strudelwürmli, eine Metapher für das unbewusste Bewertungssystem der menschlichen Psyche. Wir verfügen über zwei Bewertungssysteme, mit denen wir Situationen einschätzen können. Diese beiden Systeme arbeiten sehr unterschiedlich. Etliche Probleme, die wir mit Entscheidungen oder gefühlsmäßigen Reaktionen haben, treten deswegen auf, weil die unterschiedlichen Bewertungsweisen nicht aufeinander abgestimmt sind.

Die Tabelle auf der folgenden Seite stellt die wichtigsten Unterschiede zwischen den beiden Systemen übersichtlich dar.

Das bewusste Bewertungssystem werden wir in diesem Buch „Verstand" nennen. Ist der Verstand aktiv, braucht man eine gewisse Zeit, bis man die einzelnen Komponenten einer Situation gründlich analysiert hat. Das Arbeitstempo bei Verstandestätigkeit ist langsamer als der Wurm seine Meinung abgibt. Das Würmli schickt seine Bewertung innerhalb von 200 bis 300 Millisekunden, also wirklich richtig flott. Allerdings verwendet das Würmli ein anderes Kriterium, um Sachverhalte einzuschätzen: Ihm ist wichtig, ob Angenehmes oder Unangenehmes zu erwarten ist. Hier geht es um Lust und Unlust. Dem Würmli ist es wurscht, ob etwas vernünftig, logisch oder sachlich richtig ist. Wenn das Würmli keinen Bock hat, dann schickt es ein negatives Gefühl, wenn das Würmli Lust auf etwas hat, dann schickt es ein „Go!"-Signal in Form eines guten Gefühls.

Zwei Berwertungssysteme

	Verstand	Würmli
Arbeitstempo	langsam	schnell
Kommunikations-mittel	Sprache (präzise Argumente)	somatische Marker (diffuse Gefühle)
Bewertungs-kriterium	richtig/falsch	mag ich/mag ich nicht

Diese Gefühle, die das Würmli als Kommunikationsmittel einsetzen kann, die sogenannten somatischen Marker, stellen ebenfalls einen bedeutsamen Unterschied zu der Art und Weise dar, wie der Verstand die Ergebnisse seiner Überlegungen mitteilt. Der Verstand hat Menschensprache zu Verfügung, seine Nachrichten kommen in wohlgesetzten Worten, man kann sie mitteilen, und man kann darüber diskutieren. Das Würmli hat diese Möglichkeiten nicht. Es schickt Gefühle, die sich auf der Körperebene als Körpersignal oder als Gefühl im Sinne eines Affektes wahrnehmen lassen. Bei vielen Menschen taucht beides gemischt auf, ein Körpergefühl mit einer affektiven Tönung.

In meinen Vorträgen verwende ich hierfür gerne „grmpfl" aus der Comicsprache, eine lautmalerische Variante eines negativen somatischen Markers. Wurm-Neulinge können dem Wurm beim Arbeiten zusehen, wenn sie eine E-Mail einfach mal nicht sofort öffnen, sondern auf das Gefühl achten, das der Absender oder die Betreffzeile auslösen. Auf diese Weise lassen sich somatische Marker ganz einfach beobachten.

Der Wurm hat zwei Varianten von somatischen Markern zur Verfügung: ein „grmpfl" als Warnung vor Unangenehmem und ein „bingo" als freudiges Erkennungszeichen für Angenehmes. Illu

Wie lässt es sich erklären, dass im Laufe der Evolution solch ein Bewertungssystem entstanden ist? Das folgende Kapitel stammt aus meinem ersten Wurm-Buch, es trägt den Titel „Der Wurm in der Ursuppe". Wurm-Kennerinnen und Wurm-Kenner überspringen dieses Kapitel bitte einfach und lesen danach weiter.

Der Wurm in der Ursuppe

Am besten lässt sich der Werdegang des Wurms durch die Zeitalter mit einer kleinen märchenhaften Geschichte verdeutlichen. Dazu darf ich Sie bitten, sich vorzustellen, Sie selbst wären ein kleiner Strudelwurm, der, lange bevor es so komplizierte Organismen wie Menschen gab, gemütlich in der Ursuppe herumschwimmt. Strudelwürmer sind einfach gebaute Organismen, ein paar Zellen, ein Verdauungsapparat. Arme und Füße brauchen sie nicht. Die Informationsverarbeitung wird von wenigen Nervenzellen geregelt, die über ein paar Knotenpunkte miteinander verbunden sind – fertig ist das Strudelwürmli. Strudelwürmer haben keinerlei kriegerische Impulse, sie sind harmoniebedürftig und friedlich, sie wollen nur eines: in Ruhe überleben.

Das Würmli schwimmt also an einem schönen, warmen Sommernachmittag in der Ursuppe herum und freut sich seines Lebens. Die Sonne scheint ihm auf den Bauch, die Ursuppe ist angenehm warm, und es geht ihm gut. Auf einmal fällt ein Schatten auf den Wurm. Der muss sich nun entscheiden: Ist es ein Schatten von etwas Gefährlichem, einem Mammut zum Beispiel? „Muss ich verduften?", fragt sich das Würmli. Oder ist es ein Schatten von etwas Angenehmem, etwa einem leckeren Pantoffeltierchen? „Soll ich drauf zuschwimmen?", fragt es sich jetzt. Das Würmli muss diese Entscheidung in zweierlei Hinsicht optimal treffen. Zum einen muss es

Die Strudelwürmer, die schnell und richtig entschieden, haben überlebt.

natürlich richtig entscheiden. Wenn es sagt: „Hoho! Da kommt ein Mammut! Das werde ich mir zum Frühstück genehmigen!" – dann hat der Wurm die Lage falsch eingeschätzt. Zum zweiten muss das Würmli aber auch noch schnell genug sein. Wenn es ein Pantoffeltierchen bemerkt und sagt: „Aha, ein Pantoffeltierchen. Dann berufe ich jetzt mal ein Meeting ein und organisiere einen Conference Call, damit ich mit der Firmenleitung abstimmen kann, ob es zur momentanen globalen Strategie passt, ein Pantoffeltierchen zu fangen." –

dann ist das Pantoffeltierchen schon lange weggeschwommen, bis eine Entscheidung gefallen ist. Die richtige Entscheidung, und zwar geschwind, das ist vom Würmli hier gefordert.

Die Strudelwürmer, die beides konnten, schnell und richtig entscheiden, die überlebten, hatten deshalb Gelegenheit zum Strudelwurm-Sex und konnten ihre Gene weitergeben. Den Artgenossen, die zu langsam waren oder falsch entschieden, bot sich leider keine Chance zur Fortpflanzung. Sie wurden vorher vom Mammut zu Mus zerstampft oder verhungerten. So hat sich im Laufe der Evolution ein Überlebenssystem herausgebildet, das auf Erfahrungen beruht. Auch der Mensch besitzt dieses Überlebenssystem, es ist gewissermaßen unser tierisches Erbe. Dieser Teil des Gehirns ist bereits im Mutterleib einsatzbereit. Schon in den ersten Monaten speichert der Embryo wichtige Erfahrungen. Allerdings ist dieser Gedächtnistyp nicht an Bewusstsein gekoppelt. Diejenigen Teile des Gehirns, die Erinnerungen bewusst abrufbar speichern können, sind erst zwischen dem zweiten und dritten Lebensjahr voll ausgereift. Das können Sie selbst ganz leicht überprüfen. Wenn Sie versuchen, sich Ihre allererste Erinnerung ins Gedächtnis zu rufen, werden Sie feststellen, dass das auf keinen Fall eine Situation vor Ihrem zweiten Geburtstag ist. Was vorher geschah, ging jedoch nicht verloren, sondern wurde ebenfalls gespeichert – nicht jedoch im Bewusstsein, sondern auf der unbewussten Ebene, da, wo der Strudelwurm bestimmt.

Zusätzlich zur Speicherung hat das Würmli jede Erinnerung mit einer Bewertung versehen, einem kleinen Minigefühl, das innerhalb von 200 Millisekunden zur Verfügung steht. Jeder Mensch hat also einen privaten Erfahrungsspeicher inklusive einer eigenen Stiftung Warentest. Und weil dieses System dem Überleben dient, hat es einen gewaltigen Einfluss auf die Handlungssteuerung.

Der Verstand benötigt für seine anspruchsvolle Tätigkeit absolute Ruhe.

Diejenigen Gehirnregionen, die Verstandestätigkeit ermöglichen, sind in den Jahrmillionen der Entwicklungsgeschichte erst viel später entstanden, und sie reifen beim Menschen auch später aus als das Wurm-System. Mit dem Verstand ist der Mensch in die Lage versetzt, sich in die Zukunft hineinzudenken, langfristig zu planen und gute Strategien zu entwickeln. Der Verstand benötigt für diese anspruchsvolle Tätigkeit jedoch absolute Ruhe – wie ein geräuschempfindlicher Philosoph oder Künstler. Unter Belastung und Druck, in der Not oder bei Erschöpfung schaltet sich immer der Wurm ein, denn er hat die älteren Rechte und kann auch unter Druck zuverlässig und robust seine Arbeit tun.

Dieses ererbte Wissen nennt man auch Instinkte.

Aber woraus speist sich der Inhalt des Wurm-Gedächtnisses beim Menschen von heute? Wir leben ja nicht mehr in der Steinzeit. Der Wurm arbeitet mit zwei Informationsquellen. Ihm steht zum einen ererbtes Wissen zur Verfügung, das ihm über seine Gene weitergegeben wurde. Man nennt dieses Wissen auch „Instinkte". Wenn man angesichts einer grün verschimmelten Speise Ekel empfindet oder bei einem lauten Geräusch zusammenzuckt, dann ist das ererbtes Wurm-Wissen. Die zweite Informationsquelle stellen die persönlichen Erfahrungen eines jeden Einzelnen dar.

Das Würmli hat gar keine Lust, schlechte Erfahrungen zu wiederholen.

Bezüglich ihrer Instinkte ticken alle Menschen ähnlich. Weil wir alle jedoch unterschiedlich aufwachsen und darum verschiedene Erfahrungen machen, ist der persönliche Teil des Wurm-Gedächtnisses extrem individuell. Ich verdeutliche dieses Individuelle an einem Beispiel: Denken Sie bitte einmal an das Thema Sport. Mit Sport haben verschiedene Würmli die unterschiedlichsten Erfahrungen gemacht. Das zeigt sich darin, dass bei manchen Menschen innerhalb kürzester Zeit ein supergutes Gefühl entsteht, wenn sie an Sport denken. Bei anderen Menschen – und dazu gehöre ich – entsteht ein ausgeprägtes „grmpfl"-Gefühl.

Mein Würmli schickt mir dazu Erinnerungsbilder von den Bundesjugendspielen in brütender Sommerhitze, einem Sportplatz mit spitzigem, rotem Belag und von demütigenden Erfahrungen in so blödsinnigen Tätigkeiten wie Bälle werfen, in Sandgruben springen oder um die Wette laufen. Wenn ich im Fernsehen einen Fitnesstrainer davon erzählen höre, dass man jeden Tag dreißig Minuten Sport machen sollte, um gesund zu bleiben, sieht mein Verstand das ein, mein Würmli hat jedoch ganz und gar keine Lust darauf, die schlechten Erfahrungen von damals zu wiederholen.

Start
2
one
&C
K

Freier Wurm und gewürgter Wurm

Für den Umgang mit sich selbst und mit anderen Menschen ist von größtem Interesse, auf welche Art und Weise man den Wurm dazu bringen kann, bestimmte Handlungen auszuführen. Was den Wurm betrifft, so gibt es nur zwei mögliche Haltungen, die er gegenüber einer Absicht, etwas auszuführen, einnehmen kann. Er kann die Absicht in Freiheit, mit Freude und Frohsinn umsetzen. Oder er macht zwar das, was er soll, aber unter Zwang, weil er an die Kette gelegt wurde und weil er gegen seinen Willen zu etwas gedrängt wird.

Man kann diese beiden Varianten sehr gut in Bildern darstellen. Der freie Wurm arbeitet in einer Verfassung, die man in der Psychologie „Selbstregulation“ nennt. Der Wurm an der Kette steht unter „Selbstkontrolle“. In meinen Vorträgen nenne ich die Selbstkontrolle aus Gründen der Anschaulichkeit oft auch „Wurm-Würgung“. Mit diesem Begriff wird sofort verständlich, wie es dem Würmli geht, wenn es zu etwas gezwungen wird, das es nicht will. Beispiele für Wurm-Würgung, die den meisten Menschen bekannt sein dürften, sind ein Zahnarztbesuch und die Steuererklärung.

Was macht das Würmli freiwillig? Es geht freiwillig auf erwartbar Angenehmes zu, und es geht auch völlig freiwillig von erwartbar Unangenehmem weg. Gewürgt werden muss es, um sich Unangenehmem anzunähern oder um etwas wunderbar Angenehmes aufzugeben.

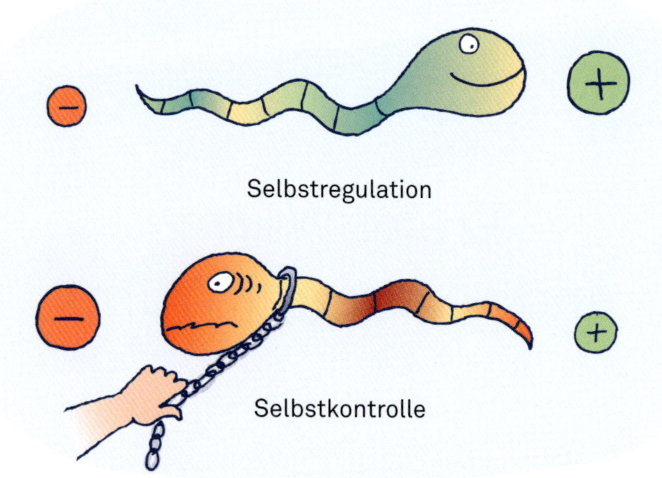

Diese beiden Varianten von Wurm-Aktivität, die Selbstregulation und die Selbstkontrolle, sind für Liebesbeziehungen von größter Relevanz. Denn gerade, wenn Menschen lieben, würgen sie sehr oft den Wurm – aus Rücksicht auf den anderen.

„Ich bin eigentlich überhaupt nicht der Wandertyp", erzählt Britta. „Aber viele Jahre bin ich mit Udo kreuz und quer durch die Schweizer Alpen gekraxelt, aus Liebe! Du glaubst nicht, wie lange es gedauert hat, bis ich gemerkt habe, dass ich das gar nicht richtig gern mache. Und wie schwer ich mich dann damit getan habe, ihm klarzumachen, dass ich eigentlich lieber gar nicht mehr mitgehen würde. Meine Güte, wie viele verlorene Stunden meines Lebens!"

„Und wie viele Stunden ich erst verloren habe, weil ich Britta zuliebe mit ihr shoppen gegangen bin! SHOPPEN! Wenn ich das Wort nur höre, kräuseln sich meinem Wurm die Zehennägel. Geh' mal an einem Wochenende in so eine Einkaufspassage, da kannst du viele gewürgte Männer-Würmer beobachten. Wenn man Glück hat, findet man einen Laden, wo es eine Männerecke gibt, mit Zeitschriften über Autos und Computer. Aber meistens steht man dumm rum und versucht, den Wurm an der Flucht zu hindern!" – Auch Udo kann den Wurm würgen, gar keine Frage, das ist kein reines Frauenthema.

Gerade, wenn Menschen lieben, würgen sie sehr oft den Wurm – aus Rücksicht auf den anderen.

„Ich kann mir nicht erklären, was mit Edith los war", berichtet Lukas achselzuckend. „Ich kenne sie seit einem halben Jahr, und wir haben unseren ersten gemeinsamen Urlaub als Kajak-Urlaub in Kanada angelegt. Ich bin ein Outdoor-Typ, und das war schon immer mein Traum. Edith machte auf mich den Eindruck, als teile sie diese Leidenschaft mit mir. Am dritten Tag waren wir auf einem See, und es begann zu regnen und gab ein wenig Wellengang, aber nicht wirklich gefährlich. Da ist sie auf einmal völlig ausgerastet. Hatte eine Art Nervenzusammenbruch und hat nur noch geweint. Mit Müh und Not haben wir das Ufer erreicht, sie wollte sofort nach Hause und den Urlaub abbrechen. Offenbar war sie die ganze Zeit mit schwer gewürgtem Wurm unterwegs, aber ich habe das echt nicht gemerkt! Im Prinzip fühle ich mich hinters Licht geführt. Hat sie denn ihre Begeisterung für Outdoor-Urlaub nur vorgetäuscht?"

Bin ich denn nicht ein Egoist, wenn ich in der Beziehung nur danach gehe, was mein Wurm möchte?

In der Tat kann man sich fragen, wer hier wen getäuscht hat. Meine Erfahrung sagt mir, dass geübte Wurmwürgende oft nicht in erster Linie den Partner täuschen, sondern zunächst einmal sich selbst. Liebe macht blind, nicht nur für Fehler und Macken des Partners sondern oft auch für die eigenen Bedürfnisse. Es kann eine Weile gut gehen, den Wurm einem anderen Menschen zuliebe zu würgen, aber irgendwann wird sich das rächen. Das Unbewusste stellt einen ganz wichtigen Kern der menschlichen Identität dar. Die Signale des Würmlis, die somatischen Marker, sein „grmpfl" und sein „bingo", sind Wegweiser dafür, was zu einem Menschen passt und was nicht. Diese Signale sollen zum Nachdenken anregen und sollen auch Konsequenzen in der Lebensgestaltung mit sich bringen. Wenn man sein ganzes Leben mit gewürgtem Wurm verbringt und die Beziehung auf Wurm-Würgung aufbaut, dann stehen die Chancen für Lebenszufriedenheit nicht besonders gut.

Bin ich denn nicht ein Egoist, wenn ich in der Beziehung nur danach gehe, was mein Wurm möchte? Diese Frage kommt so sicher, wie das Amen in der Kirche, wenn ich darüber spreche, dass man sich in der Beziehung dringend vor Wurm-Würgung hüten sollte.

Diese Frage ist sehr wichtig und bedarf einer sorgfältigen Antwort. Zunächst einmal ist es hilfreich zu wissen, dass man die Wurm-Würgung als Kurzzeitmaßnahme durchaus einsetzen kann. Wenn ich aus Liebe das Würmli würge und einmal mit meinem Mann ins Fachgeschäft für Vinyl-Schallplatten gehe und ihm beim Stöbern zuschaue, dann zerbricht unsere Ehe daran nicht. Wenn ich jedoch regelmäßig jeden Samstag auf der Jagd nach LPs mit ihm über Flohmärkte latschen müsste und mir bei Fachsimpeleien mit anderen Sammlern gelangweilt die Beine in den Bauch stehen würde, dann würde der „grmpfl"-Faktor auf die Dauer ein bedrohliches Ausmaß erreichen. Und wegen irgendeines – scheinbar nichtigen – Anlasses würde ich dann unverhältnismäßig stark ausrasten, ich würde mich selbst nicht verstehen und mein Mann mich schon gar nicht.

Beim Beispiel vom Kajak-Urlaub war die zeitliche Dauer eindeutig zu groß, in welcher der Wurm an der Kette lag. Wie schnell die Situation unerträglich wird, hängt von den Bedürfnissen der Person ab und von der Situation, der sie ausgesetzt ist. Einen kleinen Würgefaktor kann man länger aushalten als einen gewaltigen.

Wie sollen Paare oder Familien damit umgehen, wenn Aktivitäten geplant sind, bei denen die Beteiligten unterschiedliche somatische Marker feststellen und die Gefahr von Dauerwürgung besteht? Mit dem Wissen über die Bewertungsmöglichkeiten des Unbewussten kann man in eine Wurm-Verhandlung eintreten, und dieses Vorgehen ist – so meine Erfahrung – wirklich vielversprechend. Es setzt natürlich voraus, dass man ehrlich miteinander spricht, und es setzt außerdem voraus, dass sich alle Beteiligten ernsthaft um eine gute Lösung bemühen. Für Beziehungen, die bereits in starken Konflikten stecken, bei denen Wut, Verletzung und Rachlust auf dem Tisch oder unter dem Teppich sind, taugt die Wurm-Verhandlung in meinen Augen nicht. Hier müsste ein Profi ran, der das Konfliktgespräch fachgerecht leitet. Aber für ganz normale Beziehungen, mit Frau, Mann, Freund, Freundin oder Tochter und Sohn, mit Mutter und Vater, ist die Wurm-Verhandlung ein Mittel, das man auf jeden Fall ausprobieren kann. Die Möglichkeit zur Wurm-Würgung bleibt einem ja erhalten, wenn sich mit der Wurm-Verhandlung keine Lösung finden lässt. Ich werde das Vorgehen bei der Wurm-Verhandlung am Beispiel der Urlaubsplanung eines Paares schildern.

Die Wurm-Verhandlung

Horst, Leiter eines gutgehenden Lebensmittelmarktes, plant seine Ferien. „Ich habe den ganzen Tag Termindruck", erzählt er. „Mein Terminkalender steht auf Wochen hinaus im Voraus fest. Jetzt habe ich zwei Wochen Ferien. Und da wünsche ich mir nur eines: keine Pläne! Am liebsten möchte ich meine Frau und meine zwei Töchter in ein Wohnmobil packen und ins Blaue fahren. Ohne festgelegte Route. Wir halten dort, wo es uns gefällt, und fahren weiter, wenn es uns langweilig wird. Einfach durch die Gegend nomadisieren. So sieht mein Traumurlaub aus. Die letzten Jahre sind wir immer in die Toskana gefahren, immer in dasselbe Ferienhaus. Das ist mir zu viel Routine, ich möchte jetzt einmal ausbrechen!"

Mit dieser Idee begibt sich Horst an den Abendbrottisch und versucht, seine Familie für sein Vorhaben zu begeistern. Die Töchter, zwölf und vierzehn Jahre alt, sind Feuer und Flamme für dieses Abenteuer. Seine Frau Beate jedoch reagiert – milde ausgedrückt – mit äußerster Zurückhaltung. „Um ehrlich zu sein, sie war absolut entsetzt von der Vorstellung, ohne Ziel aufzubrechen. Sie wisse nicht, was sie einpacken solle, man könne ja überhaupt nicht absehen, ob man Strandsachen oder Bergschuhe mitnehmen müsse, ich würde mir ja keine Vorstellung machen, was an ihr, der Frau, alles hängenbleibe bei der Ausstattung eines Wohnmobils, und überhaupt, diese Campingkocherei unterwegs sei ihr viel zu improvisiert und, und, und.

Sie hat gar nicht mehr aufgehört, mir Einwände zu servieren", erzählt Horst geknickt. „Das hat keinen Zweck, ich kenne Beate. Wenn ich jetzt darauf bestehe, dass wir ein Wohnmobil mieten, dann hat sie zwei Wochen lang schlechte Laune. Und zwei Wochen in einem Wohnmobil mit einer grätigen Frau, das vermiest mir die Urlaubslaune, da gebe ich lieber nach. Fahren wir halt wieder in die Toskana, da findet Beate alles so vor, wie sie es gewohnt ist."

Ich mache Horst Mut, es doch einmal mit der Wurm-Verhandlung zu versuchen. Wieso gleich die Flinte ins Korn werfen? Die Toskana-Variante kann man ja immer noch als letzten Ausweg im Auge behalten. Aber zunächst einmal lohnt es sich für Horst, wenn er selbst die Bedürfnisse seines Würmlis nach Abenteuer und Ausbrechen ernst nimmt und nach Möglichkeiten sucht, die zwei Wochen Ferien möglichst wurmgerecht für sich zu gestalten.

Die Wurm-Bilanz

Um eine Wurm-Verhandlung mit Beate durchführen zu können, muss Horst zunächst ein Werkzeug kennenlernen, auf dem das Vorgehen bei der Wurm-Verhandlung aufbaut. Ich erzähle Horst von der Wurm-Bilanz.

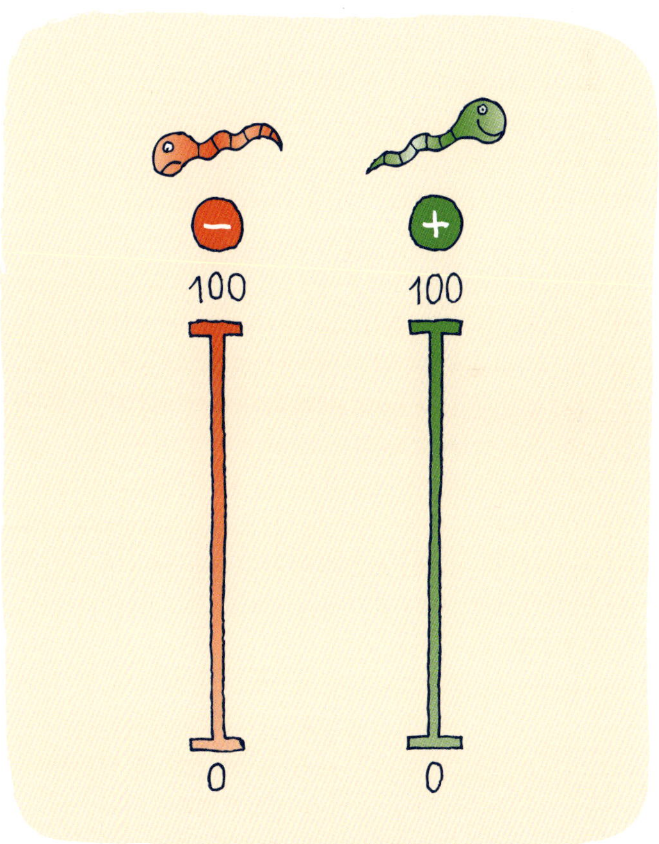

Eine bestimmte Fragestellung kann gleichzeitig positive und negative Signale auslösen.

Wie wir schon gelernt haben, hat der Wurm zwei Ausdrucksmöglichkeiten. Er kann positive und negative Signale schicken. In der Wurm-Sprache: Er kann „grmpfl" und „bingo" sagen. Diese beiden Signale können, je nach Situation, stark oder schwach ausfallen, in der Sprache der Wissenschaft sagt man, dass sie in ihrer Intensität variieren. Der Wurm kann also schwache, mittlere und starke „grmpfl" schicken, dasselbe gilt für „bingo". Interessant für das Selbstmanagement und für das Verständnis der Bedürfnislagen anderer Menschen, mit denen man eine Wurm-Verhandlung durchführen möchte, ist die Tatsache, dass die beiden Signale gleichzeitig ausgelöst werden können.

Mit anderen Worten: Eine bestimmte Fragestellung kann gleichzeitig positive und negative Signale auslösen. Wir nehmen dann gemischte Gefühle wahr. Im ganz normalen Alltag sind gemischte Gefühle eher die Regel als die Ausnahme. Dies liegt daran, dass die meisten Themen, die man den Tag durch einem Bewertungsvorgang unterzieht, sowohl positive als auch negative Aspekte haben. Wenn ich an der Wursttheke überlege, was es heute zum Abendessen sein soll, dann durchlaufe ich, wenn ich mich einmal in Ruhe selbst beobachte, bei jeder in Betracht gezogenen Wurstsorte eine Reihe von gemischten Gefühlen. Die meisten Wurstsorten haben aus der Sicht des Wurms Vorteile und Nachteile. Der erfolgreiche Umgang mit gemischten Gefühlen ist eine wesentliche Voraussetzung für Entscheidungsfähigkeit.

Wenn Tante Hertha sich zum Wochenendbesuch ankündigt, produziert diese Nachricht gemischte Gefühle. Einerseits ist Tante Hertha nett, und man freut sich, sie wieder einmal zu sehen. Andererseits wollte man eigentlich an diesem Wochenende mal die Seele baumeln lassen und mit Mann und Hund an den Bodensee zum

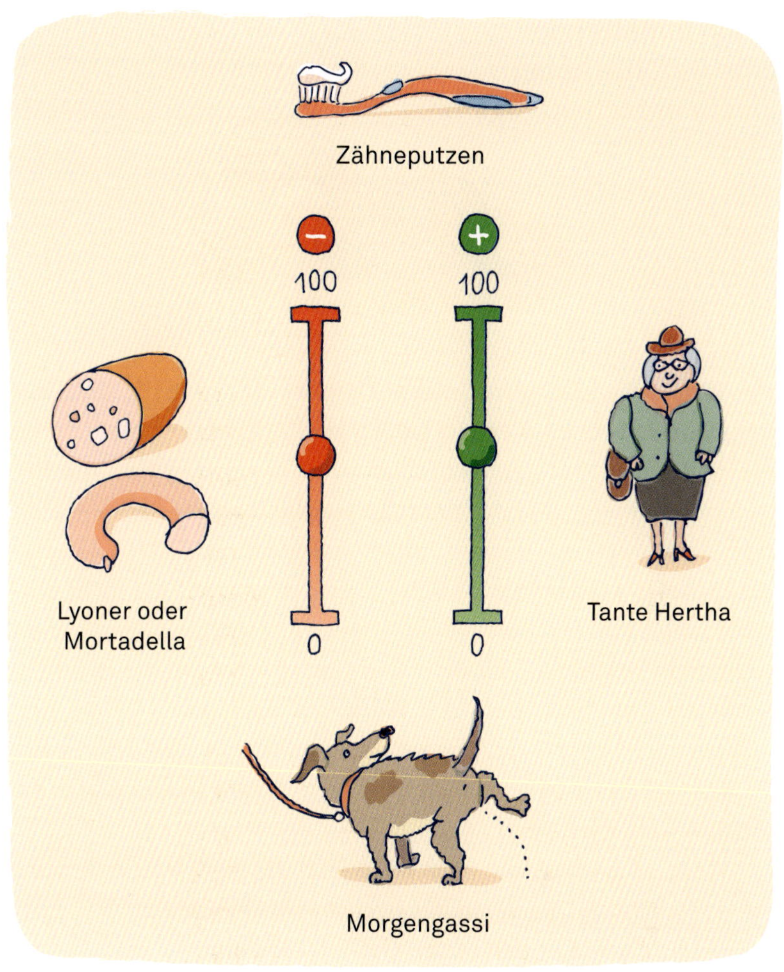

Wandern fahren. Sogar eigentlich wunderbare Aktivitäten, wie mit meinem Hund Morgengassi zu gehen, können gemischte Gefühle hervorrufen, wenn es zum Beispiel regnet oder sehr heiß oder sehr kalt ist oder viele Stechmücken unterwegs sind. Wenn ich Zeitdruck habe oder mein Nachbar mit seinem bissigen Köter gerade vor fünf Minuten ebenfalls den Hunderundweg betreten hat, kann das ebenfalls dazu beitragen, dass meine morgendliche Gassi-Freude von gemischten Gefühlen getrübt wird.

Solange ich anhaltende gemischte Gefühle habe, bin ich nicht entscheidungsfähig.

Bei vergleichsweise unwichtigen Themen, wie zum Beispiel der Frage, ob es Lyoner oder Mortadella zum Abendessen gibt, stören die gemischten Gefühle nicht allzu sehr. Wenn es jedoch um Beziehungsthemen geht oder um folgenreiche Weichenstellungen im eigenen Lebenslauf, können anhaltende gemischte Gefühle ganz schön lästig werden. Sie sind deswegen lästig, weil ich nicht entscheidungsfähig bin, solange ich gemischte Gefühle habe. Immer, wenn man zusammen mit dem Wurm in eine bestimmte Richtung losmarschieren will, dreht der Wurm auf einmal wieder um und möchte doch lieber nicht. Das kann an den Nerven zerren, nicht nur an den eigenen, sondern auch an denen der Personen, die in die Situation involviert sind.

Wenn Menschen, die noch ungeübt darin sind, Wurm-Sprache zu verstehen und in Verstandessprache zu übersetzen, bei einer wichtigen Thematik gemischte Gefühle bekommen, sind sie zunächst einmal hilflos. Man spürt ein großes inneres Kuddelmuddel, man fühlt sich ausgesprochen unwohl, aber man weiß nicht genau, wie man verfahren soll. Man hat in so einem Fall zwei Probleme. Problem Nummer eins besteht darin, dass man selbst keinen Überblick über seine persönliche Bedürfnislage hat. Problem Nummer zwei besteht darin, dass man deswegen auch nicht in der Lage ist, mit anderen Menschen gut zu verhandeln. Denn wenn ich selbst gar nicht weiß, was bei mir eigentlich los ist, wie soll ich dann im Gespräch mit anderen Personen einen klaren Standpunkt beziehen und meine Interessen mit guten Argumenten vertreten?

Eine gute Übersetzungshilfe von Wurm- in Verstandessprache bietet die Wurm-Bilanz.

Eine gute Übersetzungshilfe von Wurm- in Verstandessprache bietet die Wurm-Bilanz. Die gemischten Gefühle lassen sich mit diesem Werkzeug prima sichtbar machen. Ist etwas einmal sichtbar geworden, hat auch der Verstand eine Chance, ordnend einzugreifen und Sprache für das Gefühlswirrwarr zu finden. Und ist eine Sprache für etwas vorhanden, können Menschen anfangen, miteinander zu reden – die Chancen steigen, gemeinsam eine gute Lösung zu finden.

Ich empfehle Horst, mit seiner Beate die Wurm-Bilanz zu ziehen und dann darüber zu sprechen, wie sich die Wurm-Bilanz verändern muss, damit sie beide einen befriedigenden Urlaub erleben können. Außerdem interessiert mich seine eigene Wurm-Bilanz.

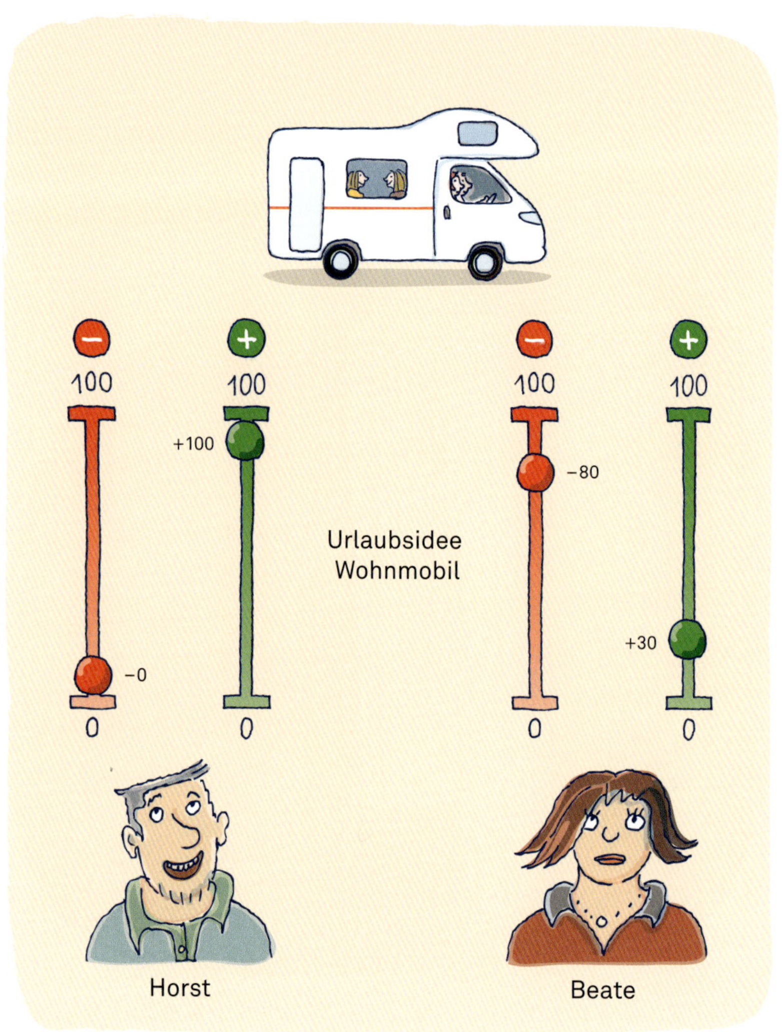

Bei der Vorstellung, in einen Abenteuerurlaub im Wohnmobil zu starten, hat Horst eine Wurm-Bilanz von 0 minus und 100 plus. Das erstaunt mich nicht, das war zu erwarten. Wenn Horst von seiner Urlaubsidee erzählt, leuchten seine Augen, und man sieht ihm an, dass er Feuer und Flamme ist.

Horst hat die Aufgabe, zum nächsten Gespräch die Wurm-Bilanz von Beate zum selben Thema mitzubringen. Eine Woche später schauen wir uns gemeinsam das Ergebnis an. Beates Würmli schickt 80 minus und 30 plus als Bewertung von Horsts Urlaubsidee.

Eine Wurm-Bilanz spricht oft viel deutlichere Worte als stundenlange Streitgespräche.

„Ja, ziemlich niederschmetternde Bilanz“, seufzt Horst betrübt, als er mir Beates Bilanz übergibt. „Dann lassen wir das bleiben mit dem Wohnmobil, eine Beate mit 80 minus, das halte ich keine zwei Wochen aus, das wird kein Zuckerschlecken. Sooo schlecht ist die Toskana-Variante auch nicht. Ich habe bei der Toskana-Variante keine 80 minus, eigentlich gar kein Minus, wenn ich es mir recht überlege. Ich habe lediglich wenig Plus, keine Vorfreude, keine Euphorie. Meine Wurm-Bilanz für die Toskana ist 0 minus und 30 plus, so in etwa. Es ist halt langweilig, aber schon okay. Ich müsste nicht so ein großes Opfer bringen wie Renate.“

Abgesehen davon, dass Horst viel zu früh die Flinte ins Korn wirft, kann man an seiner Reaktion jedoch schon die erste Auswirkung der Wurm-Bilanz in einer Wurm-Verhandlung sehen: Für alle Beteiligten wird deutlich, wie stark bei jedem die Reaktionen des Würmlis sind. Horst war vor der Wurm-Bilanz nicht klar, dass es seiner Frau richtig gruselig zumute war, wenn sie an diese Art Urlaub dachte. Beates 80 minus machten ihm deutlich, dass er von ihr sehr viel verlangen würde, wenn er darauf bestünde, planlos mit dem Wohnmobil loszufahren. Meine Erfahrung mit diesem Vorgehen ist eindeutig: Oft sprechen zwei Kreuze auf einer Wurm-Bilanz viel deutlichere Worte als stundenlange Streitgespräche – probieren Sie es aus! Eine Wurm-Bilanz bedarf keiner großen Vorbereitungen, ein Stück Papier und ein Bleistift reichen. Man kann eine Wurm-Bilanz auch in den Sand malen, man kann sie auf die Kühlerhaube eines dreckigen Autos zeichnen, oder man kann sie in den Schnee pinkeln. Die Welt steckt voller Möglichkeiten, schnell eine kleine Wurm-Bilanz anzufertigen und damit dem eigenen Würmli und dem geliebten Menschen Gelegenheit zu geben, sich zu äußern!

Obwohl der Mensch über Sprache verfügt, läuft ein extrem großer Teil der Interaktion auf der Wurm-Ebene ab.

„Für Beate war es auch aufschlussreich zu sehen, dass ich beim Toskana-Urlaub ohne rechte Freude mitfahren würde. Das tat ihr dann schon leid. Ich habe das Gefühl, sie hat nach dieser Wurm-Bilanzrunde besser verstanden, was mir Abenteuer bedeutet und dass ich einfach gerne einmal etwas erleben würde. Verblüffend ist für mich, dass dieser Effekt einfach durch diese beiden kleinen Striche mit den Kreuzchen eingetreten ist. Vorher haben wir uns den Mund fusselig geredet, um den anderen zu überzeugen, und uns nur einen Schlagabtausch geliefert. Wenn das Würmli seine Kreuzchen machen darf, dann hat das irgendwie ein ganz anderes Gewicht. Man sieht auf einen Blick, wie schlimm es für den anderen ist, und man kann besser nachempfinden, wie es dem anderen dabei geht. Eben von Wurm zu Wurm, so unter Kumpels. Das Verstehen funktioniert irgendwie direkter, ich kann das nur schwer in Worte fassen."

Horst erlebt eine Ebene des Verstehens, die darauf beruht, dass zwei Gesprächspartner sich körperlich synchronisieren. Auch das Wort „einschwingen" kann verdeutlichen, was geschieht, wenn man sich auf einmal ganz ohne Worte näherkommt. Die Würmli-Ebene der menschlichen Psyche kommt aus der Steinzeit und ist nicht auf Sprache eingestellt. Schauen wir einmal, wie Tiere sich miteinander verständigen. Diese haben auch keine Sprache im menschlichen Sinne. Ein Hund lässt sich nur dann gut erziehen, wenn man mit ihm auch körperlich – über Embodiment – kommunizieren kann. Menschensprache alleine versteht er einfach nicht. Und obwohl der Mensch ein höher entwickeltes Nervensystem hat und über Sprache verfügt, läuft ein extrem großer Teil der zwischenmenschlichen Interaktion auf der Wurm-Ebene ab.

Die Wurm-Gründe

Horst kann nun mit Beate den nächsten Schritt der Wurm-Verhandlung einleiten: Gesucht wird nach den Wurm-Gründen für das Plus und für das Minus. Was sind die Gründe dafür, dass Beate eine 80 minus bei der Vorstellung vom Abenteuerurlaub hat? Wenn man nach Wurm-Gründen sucht, gilt es zweierlei zu beachten. Erstens: Hinter einem Kreuzlein in der Wurm-Bilanz können sich mehrere Wurm-Gründe verbergen. Manchmal steht ein Kreuz für einen einzigen Grund, manchmal hat das Würmli einfach eine Art Gesamtsumme gebildet, die sich aus mehreren Faktoren zusammensetzt. Oft weiß selbst der Wurm-Besitzer oder die Wurm-Besitzerin zunächst nicht, was alles hinter einem Kreuzlein steckt.

Zweitens: Wurm-Gründe können aus der Sicht des Verstandes vollkommen irrational sein. Ein anderes Wort für irrational ist unsachlich. Das ist kein Wunder, denn der Wurm urteilt nicht nach sachlichen Überlegungen, sondern nach dem Kriterium „angenehm oder unangenehm“, wie wir eingangs schon besprochen haben. Ein Wurm-Grund, warum ich im Kindergarten eine bestimmte Erzieherin nicht leiden konnte, war der, dass sie schlecht gerochen hat. Sie war sonst lieb und hatte interessante Spielideen, aber mein Würmli mochte sie nicht riechen und hat sich darum von ihr ferngehalten.

Über Wurm-Gründe gibt es keine Debatte, es geht nicht darum, ob ein Wurm-Grund einsehbar oder blödsinnig ist.

Mit Verstandesargumenten kann man Wurm-Gründen nicht beikommen. Man kann mit Wurm-Gründen aber sehr wohl lösungsorientiert umgehen. Das ist jedoch schon ein weiterer Schritt, ich möchte nicht vorgreifen. Momentan ist wichtig zu wissen: Über Wurm-Gründe gibt es keine Debatte, es geht nicht darum, ob ein Wurm-Grund einsehbar oder blödsinnig ist. Wenn das Würmli merkt, dass es wegen seiner Bedürfnisse ausgelacht, gehänselt, beschimpft oder verspottet wird, dann zieht es sich ganz schnell zurück und meldet sich nicht mehr. Würmli sind in dieser Hinsicht sehr mimosenhaft. Geht ein Paar oder eine Familie auf die Suche nach Wurm-Gründen, dann ist es von äußerster Wichtigkeit, ein wohlwollendes und wertschätzendes Klima aufzubauen, sonst wird dieser Arbeitsschritt keine brauchbaren Ergebnisse zeitigen.

Nun kann es auch vorkommen, dass der Person, die ihre Wurm-Bilanz gezogen hat, selber gar keine guten Wurm-Gründe einfallen. Gerade bei Menschen, die noch wenig Erfahrung mit ihrem Würmli haben, breitet sich oftmals bei der Frage nach Wurm-Gründen zunächst Ratlosigkeit aus. Auch bei Jugendlichen, die mitten in den Wirren ihrer Identitätskrise stecken und vor lauter Bäumen den Wald nicht mehr sehen, kann es vorkommen, dass man auf die Frage nach Wurm-Gründen nur ein hilfloses Achselzucken als Antwort erhält. Hier kann die Ideenkorb-Methode eine gute Hilfe sein. Dabei stellt man sich vor, das Würmli in einen Korb zu betten, in den andere Menschen gute Ideen werfen. Das Würmli darf sich dann Ideen heraussuchen, bei denen ein klares „bingo“ darauf hinweist, dass diese Idee etwas ausspricht, das dem Würmli wichtig ist. Manchmal ist es auch gut, die Ideen aus dem Korb aufzuschreiben, damit das Würmli noch einmal in Ruhe brüten kann, ob sich im Korb etwas Verwertbares finden lässt.

Ideenkorb

Mit diesen Instruktionen macht sich Horst auf den Weg zu Beate und kommt mit folgenden Ergebnissen aus dem Gespräch zurück.

Die 80 minus setzt sich aus folgenden Wurm-Gründen zusammen:

1. Beate weiß wegen der mangelnden Planbarkeit nicht, welche Kleider sie einpacken soll.
2. Improvisiertes Camping-Kochen macht ihr keinen Spaß.
3. Kein Luxus, keine Kultur, kein Ausgehen – nur Outdoor-Urlaub ist für sie nicht attraktiv.

„Und dann, stellen Sie sich mal vor, hat Beate noch einen Ideenkorb zu dem Thema mit ihrer besten Freundin durchgeführt“, erzählt Horst schmunzelnd. „Da trat noch ein Wurm-Grund zutage, den ich gar nicht vermutet hätte! Dem Würmli von Beate ist nämlich aufgefallen, dass wir im Wohnmobil dauernd von unseren Kindern umgeben sind und keine Rückzugszone für Erwachsene haben. Offenbar passt es Beates Würmli nicht, dass es in den Ferien zwei Wochen lang keine Gelegenheit zum Sex gibt! Das ist natürlich ein Wurm-Grund, den ich ganz großartig finde und den ich bestens nachvollziehen kann. So weit habe ich bisher noch gar nicht gedacht. Bei mir stand das Nomadisieren und das Abenteuer völlig im Vordergrund.“

Horst und Beate haben jetzt in aller Ruhe die Wurm-Bilanz in Verstandessprache übersetzt und haben nun einen guten Überblick über die Bedürfnisse, die im Auge behalten werden müssen, wenn Beates Wurm mit ins Boot geholt werden soll.

Wurm-Gründe

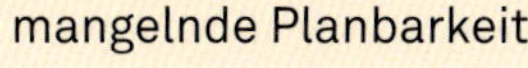
mangelnde Planbarkeit

Camping-Kochen

kein Luxus

keine Rückzugszone

Vielleicht spüren Sie, lieber Leser, liebe Leserin, momentan auch schon ein wesentliches Merkmal der Wurm-Verhandlung: Entschleunigung. In eine Situation, die emotional hochbrisant sein kann, kommt Ruhe. Und zwar dadurch, dass nicht sofort ein verbales Pingpong mit Überzeugungsversuchen beginnt, das dann oft zu nichts weiter führt als zu zwei völlig verbockten Würmern. Bei der Wurm-Verhandlung nimmt man sich Zeit, um den Wurm zu verstehen. Und das weiß der Wurm zu schätzen. Die Beachtung, die ihm gezollt wird, quittiert er meist mit guter Stimmung und Kooperationsbereitschaft.

Beate und Horst sind bereit für den nächsten Schritt der Wurm-Verhandlung. Sie beginnen damit, wieder mittels Ideenkorb nach Möglichkeiten zu suchen, die dem Würmli dabei helfen, mit ins Boot zu steigen. Für diesen Arbeitsschritt, dem ich den lateinischen Namen „Exploratorium" gegeben habe, ist die Haltung, mit der die Ideenkörbe gefüllt werden, von allergrößter Wichtigkeit. Mit dem Namen Exploratorium will ich unterstreichen, dass völlig unverbindlich Möglichkeitsräume ausgekundschaftet – exploriert – werden. Der Charakter dieser Ideenkorbrunde muss spielerisch, kreativ, neugierig und offen sein. Wenn das Würmli hier den geringsten Druck spürt, wenn es den Eindruck gewinnt, es müsse sich gegen Erwartungshaltungen zur Wehr setzen oder es solle manipuliert werden, dann wird das Würmli sich blitzschnell zurückziehen. Oder es wird bösartig, je nach Situation. Der Wurm reagiert auf Druck extrem sensibel. Wenn es jedoch gelingt, eine freundliche und völlig freie Atmosphäre zu schaffen, dann ist der Wurm gerne zur Mitarbeit bereit.

Bei der Wurm-Verhandlung nimmt man sich Zeit, um den Wurm zu verstehen. Und das weiß der Wurm zu schätzen.

Die Frage, unter dem diese exploratorische Ideenkorbrunde steht, lautet: Was für Möglichkeiten gäbe es, die Wurm-Bilanz in eine Richtung zu verändern, die es dem Würmli ermöglicht, bei der zur Debatte stehenden Aktivität würgefrei mitzumachen? Wichtig ist, dass sich das Würmli die Ideen unverbindlich anschauen darf. Wenn nichts im Korb ist, was dem Würmli gefällt, dann bleibt die Wurm-Bilanz unverändert, und man muss anderweitig nach Lösungen suchen. Drei Möglichkeiten gibt es, die Wurm-Bilanz angenehmer zu gestalten:

1. das Minus nach unten verschieben
2. das Plus nach oben verschieben
3. sowohl das Minus nach unten als auch das Plus nach oben verschieben

Falls sich in Beates Ideenkorb nichts finden würde, das die Wurm-Bilanz ändert, könnte Horst versuchen, an seiner Wurm-Bilanz für die Toskana zu arbeiten. In diesem Fall würde es dann darum gehen, das Plus zu erhöhen. Das wäre Variante 2. Welche der drei Varianten erarbeitet werden soll, bestimmt die Person, deren Bilanz optimiert werden soll.

Beate möchte Variante 3 haben, Minus runter und Plus hoch. Zusammen mit den beiden Töchtern und Horst wird ein Ideenkorb zusammengestellt. Eine Woche später kommt Horst strahlend an und präsentiert die Wurm-Bilanz von Beate zu der Ferienlösung, die die Familie miteinander erarbeitet hat. „15 minus, 85 plus!“, verkündet er stolz. Alle Wetter, das kann sich sehen lassen! Wie sieht die Lösung denn aus? „Wir haben die Avignon-Alternative entwickelt“, erklärt er.

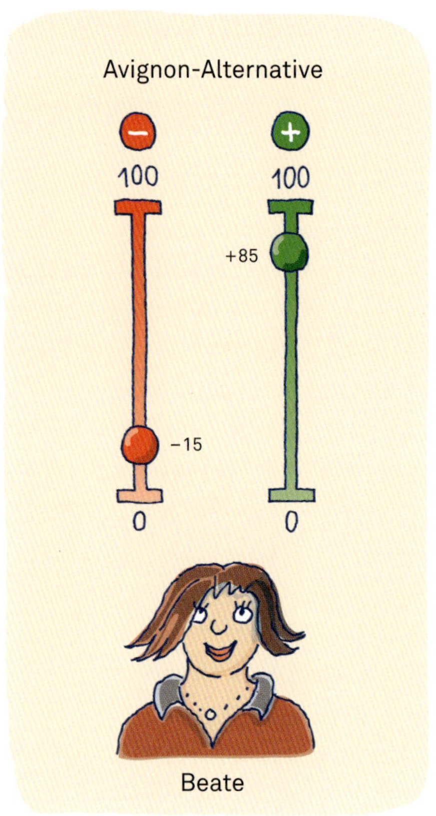

Die Avignon-Alternative umfasst eine ziemlich komplexe Verflechtung von Wurm-Bedürfnissen der einzelnen Familienmitglieder: Die zwei Wochen Ferien starten mit dem Wohnmobil. Die ersten vier Tage sind ungeplant, jedoch fährt die Familie in Richtung Avignon, wo man pünktlich zum Start des großen Straßentheaterfestivals eintreffen möchte. Darauf freuen sich Mutter und Töchter gleichermaßen. In Avignon wird vier Tage Station gemacht, und zwar in einem richtig schicken Hotel mit allem Drum und Dran. Die Eltern haben ein eigenes Zimmer, die Töchter finden auf dem Festival genug Programm, und die Eltern haben Gelegenheit für ihr Liebesleben. Danach tagt der Familienrat, und alle überlegen gemeinsam, wie es jetzt weitergehen soll.

Festival d'Avignon

Eine wurmgerechte Lösung hinterlässt Würmer, die sich ernst genommen fühlen und freiwillig mitmachen.

„Wissen Sie, es kann gut sein, dass ich dann vom Ungeplanten auch schon genug habe und dass wir dann gemütlich wieder Richtung Heimat gondeln. Kann aber auch sein, dass alle noch das Meer sehen wollen, da bin ich ganz offen", schildert Horst seine Situation. „Beate hat noch ein Minus von 15, weil sie einfach nicht der große Fan von spontanen Unternehmungen ist. Aber das Hotel in Avignon ist für sie ein Anlaufpunkt, der viel von dem Minus wegnimmt. Und das Straßenfestival ergibt ein Riesenplus, da wollten alle schon immer mal hin. Ich bin rundum zufrieden mit dieser Lösung."

So sehen wurmgerechte Lösungen aus, die miteinander gestaltet werden. Ihnen ist gemeinsam, dass alle Beteiligten ihre Vorstellungen in der Lösung wiederfinden und dass im Prinzip etwas völlig Neues geboren wurde, das sich aus den Wünschen der Einzelnen zusammensetzt. Solch eine Lösung ist nicht zu verwechseln mit dem, was man in der Alltagssprache einen „faulen Kompromiss" nennt. Das Kennzeichen eines faulen Kompromisses sind zähneknirschende, gewürgte Würmer, die zu Dingen gezwungen werden, die ihnen keinen Spaß machen. Eine wurmgerechte Lösung hinterlässt Würmer, die sich ernst genommen fühlen und freiwillig mitmachen. Die 15 minus, die Beate noch hat, kann ihr Wurm verkraften. Wenn sich die Bilanz insgesamt stimmig anfühlt, dann kann ein Würmli auch mit einem Minus leben oder mit kleinem Plus. Ein Würmli ist kein Weichei. Der Unterschied zum faulen Kompromiss liegt darin, dass Beates Wurm die 15 minus freiwillig in Kauf nimmt, weil andere Elemente der Lösung sehr attraktiv sind und weil ihr Würmli damit den anderen eine Freude macht. Genauso geht es Horst. „Meine Vision hat zwar mit der Avignon-Alternative deutliche Änderungen erfahren", meint er. „Aber das Gefühl, das ich bei dieser Lösung habe, ist völlig anders als bei der Wurm-Bilanz, die herausgekommen wäre, wenn ich einfach mein Maul gehalten hätte und wir wieder in die Toskana gefahren wären. Ich habe jetzt meinen Standpunkt klargemacht, ich fühle mich wahrgenommen, und ich bin gerührt, dass alle versucht haben, rund um meinen Wunsch herum eine Lösung zu bauen. Da ist mein Wurm dann natürlich auch ganz freiwillig bereit, auf die anderen einzugehen. Da wird niemand gewürgt."

Steckbrief Wurm-Verhandlung

- Wurm-Bilanz der Ausgangssituation ziehen
- Wurm-Sprache verdolmetschen mit Ideenkorb
- Wunsch für Veränderung der Wurm-Bilanz äußern
- Exploratorium: Ideenkorb für Lösungsmöglichkeiten

Wurm-Suppe und Wurm-Verlust

Zu Beginn dieses Kapitels über Wurm-Verlust und Wurm-Suppe möchte ich noch darauf hinweisen, dass man auch mit Kindern über die Wurm-Metapher prima kommunizieren kann. Mir hat eine Kindergärtnerin berichtet, dass sie das Wochenprogramm des Kindergartens zusammen mit den Kindern in einer Wurm-Konferenz festlegt. „Seitdem ich die Pläne mit der Wurm-Konferenz mache, habe ich viel weniger Motivationsprobleme", erklärt sie.

Eine Freundin von mir, die einen siebenjährigen Sohn namens Bruno hat, schickte mir letzte Woche folgende E-Mail:

„Liebe Maja, stell' dir vor, was ich heute Entzückendes mit der Wurm-Bilanz erlebt habe. Bruno und ich waren auf dem Rückweg von der Oma im Tessin, wo Bruno eine Woche Ferien verbracht hatte. Ich hatte ihn abgeholt, und wir fuhren auf der Autobahn Richtung Zürich. Da sagt er auf einmal: ‚Weißt du, Mami, mein Würmli ist gerade 90 plus und 90 minus.' Er erklärte mir dann, dass er sich sehr darauf freue, wieder daheim zu sein, bei uns und dem Hund und seinen Freunden. Dass er es aber auch schade finde, die Oma zu verlassen, denn es sei immer so toll im Tessin. Ist das nicht fantastisch, wie der siebenjährige Bub seine Ambivalenz mit der Wurm-Bilanz ausdrückt?"

Ja, das ist wirklich klasse, wie Bruno seinen Zwiespalt ausdrücken kann. Kindern fällt es außerordentlich leicht, sich mit der Wurm-Metapher zurechtzufinden. Yvonne Küttel und Barbara Hubatka haben darum ein Lehrmittel verfasst, das Lehrkräften und Kindergärtnerinnen die Möglichkeit gibt, in zehn Lektionen kindgerecht und spielerisch die Wurm-Metapher und den Umgang mit der Wurm-Bilanz einzuführen. Ein herzallerliebstes Kinderbuch mit dem Titel „Superwurm“ von Axel Scheffler und Julia Donaldson erzählt die Geschichte eines heldenhaften Wurms und seiner Freunde für Kinder schon ab fünf Jahren!

Warum finde ich es so wichtig, den Umgang mit dem Wurm so früh wie möglich zu lernen? Ich persönlich arbeite hauptsächlich mit Erwachsenen. Eine der großen Baustellen im Leben von Menschen, die in ihrem Leben psychologische Hilfe suchen, stellt ihre Partnerschaftsbeziehung dar. Manchmal kommt es vor, dass Menschen in einer Partnerschaft stecken, die einfach nur unpassend ist. Zwei Menschen sind aneinander gebunden, die sich wirklich besser trennen würden, weil zu viele Aspekte des Beziehungsgeschehens Probleme machen und weil die Interessen und Persönlichkeiten der beiden Personen zu stark auseinanderklaffen. In den allermeisten Fällen aber, die mir zu Ohren kommen, beruhen die Schwierigkeiten des Paares auf lösbaren Problemen.

Zu diesen ohne Weiteres und eigentlich recht einfach aufhebbaren Schwierigkeiten gehört ein Phänomen, das viele frisch Verliebte kennen: Man verliert sich und den eigenen Wurm in der Liebe zum anderen Wurm. Man möchte nur das Beste für den anderen, ihm zuliebe oder ihr zuliebe würde man barfuß über glühende Kohlen bis ans Ende der Welt laufen. In dieser Stimmungslage kann ein merkwürdiges Phänomen auftreten: Ich nenne es den „Wurm-Verlust“. Menschen, denen Wurm-Verlust widerfährt, sind momentan nicht in der Lage, zu unterscheiden, ob sie ein hausgemachtes „grmpfl“ oder „bingo“ spüren oder ob sie ein „bingo“ oder ein „grmpfl“ spüren, das

Man verliert sich und den eigenen Wurm in der Liebe zum anderen Wurm.

sie im geliebten Wurm der anderen Person vermuten. Und wenn beide Parteien ihren Wurm verlieren und stattdessen den vermutlichen Wurm des geliebten Menschen wahrnehmen, dann ergibt sich eine Wurm-Suppe, die ihresgleichen sucht und aus der so schnell keiner mehr herausfindet. Ich habe selbst kürzlich ein Paradebeispiel für Wurm-Verlust und Wurm-Suppe erlebt, das ich mir extra notiert habe, um es in diesem Buch zu beschreiben (natürlich mit Erlaubnis der beteiligten Personen).

In meinem Freundeskreis gibt es ein Frauenpaar, Teresia und Melinda. Ich bin schon seit langem mit Melinda befreundet, Teresia lernte ich kennen, als Melinda die Beziehung mit ihr begann. Die beiden sind seit fünfzehn Jahren glücklich miteinander und wohnen zusammen auf einem Bauernhof mit biologischer Gärtnerei und sieben Katzen. Teresia ist die Ältere von beiden und musste sich vor einiger Zeit einer Kniegelenksoperation unterziehen. Nach so einer OP kommt man in die Reha, auch Teresia durfte sich im schönen Baden-Baden in einer stilvollen Reha-Abteilung aufpäppeln lassen. In Baden-Baden gibt es interessante Kunstausstellungen, und so kamen mein Mann und ich auf die Idee, an einem Sonntag nach Baden-Baden zu fahren, Teresia zu besuchen, fein essen zu gehen und die aktuelle Ausstellung anzuschauen – ein perfekter Sonntag.

Ich informierte Melinda über unseren Plan, weil ich die Telefonnummer von Teresias Zimmer nicht hatte. Und damit begann die Wurm-Suppe zu köcheln. Meine Güte, was habe ich mit meinem harmlosen Sonntagsplan angerichtet! „Super, die Idee!“, freute sich Melinda zunächst, beim ersten Anruf. „Dann sehe ich dich auch mal wieder, das finde ich klasse, die Cafeteria dort ist ein Traum, die haben super Eisbecher. Dann kannst du mir erzählen, wie es mit deiner Ausbildung zur Organistin läuft!“

Ich gehe zu meinem Mann Raimund und sage ihm, dass der nächste Sonntag gebongt sei, wir würden nach Baden-Baden fahren.

Am nächsten Tag klingelt das Telefon. Melinda ist dran. „Du, Maja, ich glaube, Teresia ist nicht so begeistert von der Idee. Ich habe ihr davon erzählt, und sie hat gar nicht gut reagiert. Sie habe noch Schmerzen und könne gar nicht richtig laufen. Und eigentlich will sie momentan gar niemanden sehen. Ich glaube, ihr lasst das lieber bleiben, das überfordert sie, glaube ich."

Okay, kein Problem, Eis essen kann man auch anderswo in Baden-Baden, in die Ausstellung können wir ja auch ohne den Besuch bei Teresia fahren. Ich gehe zu meinem Mann Raimund und informiere ihn über den neuen Stand der Dinge.

Am selben Abend klingelt das Telefon. Teresia ist dran. „Du, Maja, das stimmt nicht, was Melinda euch erzählt hat. Natürlich freue ich mich, wenn ihr kommt! Und vor allem Melinda freut sich doch so, dich mal wieder zu sehen! Natürlich fühle ich mich noch nicht so richtig auf dem Damm, aber lasst euch dadurch nicht abhalten, kommt auf jeden Fall vorbei, dann gehen wir zusammen in die Cafeteria, das schaffe ich schon."

Auch gut, kein Problem, dann besuchen wir Teresia eben doch. Mein Mann Raimund nimmt die erneute Planänderung gelassen zur Kenntnis.

Zwei Tage später geschieht was? Sie ahnen es schon: Das Telefon klingelt. Am anderen Ende eine verzweifelte Melinda. „Ich weiß wirklich nicht mehr, was ich machen soll. Ihr solltet vielleicht lieber wegbleiben. Teresia ist noch so schwach auf den Beinen, sie hat das mit dem Besuch nur mir zuliebe gesagt, weil sie glaubt, dass sie mir ein Vergnügen raubt, wenn sie euren Besuch absagt. Aber das ist ja gar nicht der Fall, wir können uns doch auch ein andermal sehen, wenn

es Teresia wieder besser geht. Aber sie besteht jetzt drauf, dass ihr kommt. Ich weiß aber ganz genau, dass sie das eigentlich nicht will."

„Und was willst du denn?", frage ich.

„Das tut jetzt doch gar nichts zur Sache", antwortet sie, „es geht doch um Teresia, sie ist doch die Kranke, mir ist alles recht."

Ooooookay… Ich gehe zu meinem Mann Raimund, der nun doch erste Anzeichen von Gereiztheit aufweist. Was sollen wir tun? Teresia sagt, wir sollen kommen, aber ich vermute, dass Melinda recht hat mit ihrer Hypothese, dass Teresia das nur sagt, weil sie Melinda nicht den Spaß verderben möchte. Melinda wiederum hat sicher keinen Spaß an unserem Besuch, wenn sie sich die ganze Zeit Vorwürfe macht, dass man Teresia überfordert. Raimund und ich hätten in dieser äußerst geladenen Situation sowieso keinen Spaß an irgendetwas. Die Wurm-Suppe kocht hoch und blubbert vernehmlich.

Inzwischen bemerke ich bei mir selbst, dass mein eigener Wurm auch schon auf dem Weg ist, in der Wurm-Suppe gesotten zu werden. Ich schnappe ihn mir in letzte Sekunde und ziehe ihn aus dem brodelnden Kessel. Ich berate mich mit Raimund. Was sollen wir tun?

Wenn sich zwei Menschen sehr aufeinander einstellen, dann nennt man das „synchronisieren".

Wir kommen zu dem Schluss, dass aus den beiden Mädels keine vernünftige Information herauszuholen ist. Die Situation ist völlig verfahren. Niemand weiß genau, wer was eigentlich nun wirklich möchte. Selbst wenn wir mit größter Liebe und Sorgfalt versuchen würden herauszufinden, welche Aktion die einzelnen Würmer letztendlich glücklich macht, würden wir vermutlich scheitern. Denn bei ausgiebiger Zubereitung von Wurm-Suppe droht ein ungemütliches Phänomen: der Wurm-Verlust.

Was hat es damit auf sich? Wenn sich zwei Menschen sehr aufeinander einstellen, dann kann etwas vor sich gehen, das man in der Wissenschaft „synchronisieren" nennt. Damit meint man, dass sich die Menschen psychologisch und auch körperlich aufeinander einschwingen. Ein gelungener Salsa oder ein Tango wäre überhaupt nicht möglich ohne diese Fähigkeit der Menschen, sich zu synchronisieren. Tiere können das übrigens auch, wie jeder Vogelschwarm zeigt. Wenn Sie bei einer Reklamation auf ein verständnisvolles Gegenüber treffen, bei dem Sie unmittelbar spüren, dass Ihr Anliegen auf Wiederhall stößt, dann haben Sie Synchronie erlebt. Man muss sich nicht unbedingt bewegen oder sprechen, um synchron zu schwingen. Ein betagtes Ehepaar, das friedlich nebeneinander auf einer Parkbank sitzt und dem Sonnenuntergang zusieht, schwingt vermutlich hochsynchron. Solange sich das jeweilige Würmli der beteiligten Personen selbst noch spüren kann, ist Synchronie etwas Wunderbares. Gefährlich wird sie dann, wenn das Würmli vor lauter Einfühlung die fremden Gefühle für die eigenen hält. Dann droht Wurm-Verlust. Man verliert sich selbst und hat kein Gespür mehr für die eigenen Bedürfnisse. Julius Kuhl nennt diesen Vorgang „Selbstinfiltration" (siehe zum Beispiel „Kraft aus dem Selbst"). Die eigene Psyche wird sozusagen von fremden Würmern besiedelt.

Gefährlich wird es dann, wenn das Würmli vor lauter Einfühlung die fremden Gefühle für die eigenen hält.

Das absolut Gespenstische am Wurm-Verlust aufgrund von zu viel Synchronie ist die Tatsache, dass man es zunächst selbst gar nicht merkt. Mir selbst geschieht das regelmäßig. Ich habe es mit einem Gegenüber zu tun, das mir am Herzen liegt. Das ist die Voraussetzung. Bei Menschen, die mir wurscht sind oder die ich gar nicht mag, passiert mir der Wurm-Verlust nie. Grundsätzliche Sympathie ist gegeben, mein Würmli wünscht dem anderen nur das Beste und – schwupps – besiedeln fremde Würmer mein Innenleben. Manchmal äußere ich sogar Ideen, die das Gegenüber selbst noch gar nicht bei sich bemerkt hat! „Man könnte doch Götterspeise-Kuchen backen für die Kinderecke beim Pfarrfest", platze ich heraus, obwohl die Leiterin des Kindergartens so etwas mit keiner Silbe angedeutet hat.

„Oh ja, super Idee!", findet sie, und schon sitzt mein Wurm in der Suppe. Wieso sage ich solche Dinge, die mich nur in Zeitnot bringen und die eigentlich überhaupt nicht umsetzbar sind, ohne dass ich in Stress gerate? Das macht die Sympathie, die mein Wurm für die Leiterin des Kindergartens empfindet. Er schwingt sich auf sie ein und empfindet etwas, das nicht mein Bedürfnis ist, sondern vermutlich das ihrige. Ich gebe zurzeit viele Fortbildungskurse für Pflegepersonal. Dabei habe ich festgestellt: Die nettesten und bei den Patienten beliebtesten Pflegenden beiderlei Geschlechts haben am meisten mit der Wurm-Suppe und dem Wurm-Verlust zu kämpfen. Ihre besondere Begabung, sich auf ein Gegenüber einzuschwingen, was sie in ihrem Beruf besonders gut sein lässt, wird für sie selbst zur Bedrohung. Denn dauerhafter Wurm-Verlust führt dazu, dass ich ständig gegen meine eigenen Bedürfnisse lebe, das kann, wenn es ganz schlecht läuft, zum Burn-out führen.

Weil der Wurm im Moment des „Ja!"-Sagens regelrecht von Sinnen ist und den privaten Kräftehaushalt der Besitzerin oder des

Die Suche nach Lösungen muss auf der Analyse des Verstandes aufbauen.

Besitzers vor lauter Sympathie für das Gegenüber aus den Augen verliert, setzt das böse Erwachen oft später ein. Dann, wenn die Interaktion gelaufen ist und man wieder für sich alleine in Ruhe über alles nachdenken kann. Man berechnet, wie viel Zeit es benötigt, um in den Laden zu fahren und die Zutaten für den Kuchen zu kaufen. Man schaut nach, ob überhaupt das Auto verfügbar ist oder ob es an diesem Tag in die Inspektion muss. Dann wird einem allmählich klar, dass der Kuchen zuerst einen Biskuitboden braucht, der vier Stunden abkühlen muss, bevor man die Joghurt-Sahne-Creme darauf platzieren kann. Die Joghurt-Sahne-Creme sollte am besten über Nacht im Kühlschrank durchgelieren, weil Agar-Agar drin ist und das einfach seine Zeit braucht, bis es richtig fest ist. Dann erst kann man mit der Götterspeise beginnen, die selbst wiederum drei bis vier Stunden im Kühlschank halbfest gelieren muss, bevor man sie auf die Joghurt-Sahne-Creme streichen kann. Alles in allem braucht man für diese Torte fast zwei Tage Zeit. Oh weh! All das hat man vorher einfach nicht bedacht.

Warum fallen einem derartige Sachen immer wieder erst hinterher ein? Warum nicht gleich? Das Wissen war ja eigentlich vorhanden, es stand bloß nicht zur Verfügung in dem Moment, als der Wurm begeistert „au ja!“ gerufen hat. Das liegt daran, dass die genaue und präzise Analyse solcher Faktoren wie Kosten, Aufwand und Zeitbedarf nicht die Aufgabe des Würmlis ist, sondern eine typische Verstandestätigkeit.

Mensch, die Leute vom Kindergarten sind so nett und leisten so tolle Arbeit, die muss man doch einfach knuddeln und unterstützen!

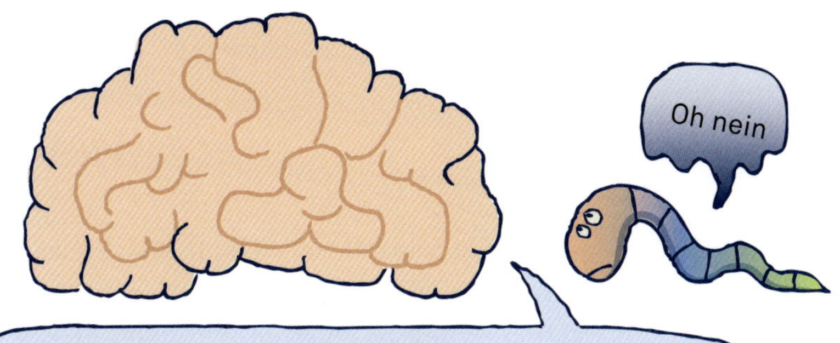

„Und dass die Creme mit Agar-Agar eine Nacht im Kühlschrank durchhärten muss? Hast du das auf dem Schirm?"

„Hüstel ... also nicht wirklich ..."

„Und die Götterspeise braucht ewig, bis sie so dick ist, dass sie nicht gleich am Rand vom Tortenboden wieder runterläuft. Erinnerst du dich denn nicht an das Desaster vom letzten Jahr, als du Thüringer Wackelpeter-Kuchen auf dem Blech ausprobiert hast? Da hast du ein ganzes Blech mit grüngetränktem Hefeteigboden weggeworfen, weil du die Götterspeise zu früh drüber gegossen hast. Das hast du doch sicher nicht vergessen, oder etwa doch?"

„Ja, also, vergessen nicht direkt, jetzt, wo du das sagst, also, was soll ich sagen ..." Das arme Würmli wird immer kleinlauter und möchte am liebsten in ein Mauseloch kriechen.

„Ja, nun haben wir den Schlamassel, wir sitzen ganz schön in der Tinte. Eine tolle Wurm-Suppe hast du da wieder angerührt. Die vom Kindergarten freuen sich jetzt alle auf deine tolle Torte, und du sitzt hier und hast dir wieder mal überhaupt nichts überlegt, bevor du zugesagt hast. Jedes Mal derselbe Ärger mit dir! Du wirst wirklich niemals klug, bei dir ist doch Hopfen und Malz verloren!" Der Verstand ereifert sich zusehends.

Es ist völlig normal, dass die Verstandesbewertung mit Verzögerung kommt.

Wie kann man aus diesem Schlamassel auf gute Weise wieder herauskommen? Die Antwort ist eindeutig: Hier hilft nur Verstandestätigkeit. Das Würmli ist alleine nicht in der Lage, hierfür eine Lösung zu finden. Die Rettung aus der Wurm-Suppe muss vom Verstand kommen. Wie lässt sich das im Alltag umsetzen? Denken Sie an die Übersicht, die ich am Anfang des Buches gegeben habe, um Verstand und Würmli-System zu charakterisieren: Ich habe dort erwähnt, dass der Verstand langsamer arbeitet als das Wurm-System. Das liegt daran, dass sich der Verstand einer sogenannten seriellen Informationsverarbeitung bedient. Das bedeutet, er muss eine Information nach der anderen hintereinander abarbeiten. So etwas braucht eben Zeit. Informationen kann es so viele geben wie etwa Kunden an einem Samstagvormittag im Supermarkt an der Kasse. Es bildet sich eine Schlange, alle warten, alle wollen nach Hause, aber die Kassiererin kann halt nicht zwei Kunden gleichzeitig bedienen, das muss nacheinander, eben seriell, geschehen. Es bleibt nichts anderes übrig, als zu warten, egal, wie eilig man es hat.

Stellen Sie sich also darauf ein, dass es völlig normal ist, dass die Verstandesbewertung mit Verzögerung kommt. Sie müssen nicht mit sich hadern, Sie begegnen einem völlig gesunden Phänomen, so arbeitet eben das Gehirn. Daran lässt sich auch gar nichts ändern. Wenn Sie nach einem vorschnellen „Ja!“ des Würmlis abends im Bett zu grübeln beginnen, grämen Sie sich nicht, sondern beglückwünschen Sie sich, dass Ihr Verstand so gut arbeitet. Notieren Sie sich die wichtigsten Ideen des Verstandes kurz, damit sie nicht verlorengehen, und schlafen Sie friedlich ein. Morgen ist auch noch ein Tag, und den kann man der Suche nach Lösungen widmen. Die Suche nach Lösungen muss allerdings auf der Analyse des Verstandes aufbauen. Wir können einfach bei dem Beispiel mit dem

Götterspeise-Kuchen bleiben, das kennen Sie jetzt schon, und die Lösungsvarianten lassen sich gut nachvollziehen.

Grundsätzlich möchte der Wurm gerne dem Kindergarten etwas Gutes tun. Das ist prima und kann auch so bleiben. Dieses Anliegen muss man dem Würmli nicht wegnehmen. Was man aus Sicht des Verstandes anschauen sollte, ist die Art und Weise, wie man dem Kindergarten einen Gefallen tun möchte. Man könnte zum Beispiel den Biskuitbogen fertig beim Bäcker kaufen, anstatt selbst einen zu backen, so wäre Zeit gespart. Was sagt der Wurm zu dieser Idee? Möglicherweise sagt er: „Hey, super!“, möglicherweise sagt er: „Also, auf keinen Fall, gekaufter Tortenboden kommt nicht in die Tüte, das ist gegen meine Ehre!“ Je nachdem, wie die Wurm-Antwort ausfällt, wird weiter nach Lösungen gesucht, ruhig auch mit der Ideenkorb-Methode, wenn dem eigenen Verstand die Lösungen ausgehen. Man könnte einen einfachen Belag machen, nur Joghurt-Sahne-Creme, ohne Götterspeise, stattdessen mit Früchten. Das spart auch Wartezeit. „Mensch, klasse, genau, damit bin ich einverstanden! Kein Götterspeise-Kuchen, sondern eine Obsttorte“, könnte der Wurm sagen. Lösungsvarianten gibt es unzählige! Rührkuchen mit Vampir-Guss, alle zum Eis einladen, anstatt Kuchen zu

Viele Leute haben eine völlig überflüssige Regel verinnerlicht: dass man einmal Gesagtes nicht mehr zurücknehmen kann.

backen, Donuts kaufen oder den Götterspeise-Kuchen aufs Herbstfest verschieben – die Welt steht dem Wurm und dem Verstand völlig offen, sobald man ihnen genug Zeit gibt und beide Systeme friedlich zusammenarbeiten lässt.

Oft habe ich es mit Menschen zu tun, die dann zwar eine gute Lösung gefunden haben, aber meinen: „Also, ich will jetzt nicht mehr nachkarten. Wer A sagt, muss auch B sagen. Jetzt habe ich das zugesagt, und jetzt zieh ich das auch durch, was solls, Augen zu und durch!“ Diese Leute haben, vielleicht ohne es zu wissen, eine seltsame und völlig überflüssige Regel verinnerlicht: dass man einmal Gesagtes nicht mehr zurücknehmen kann. Jeder jedoch, der über die Arbeitsgeschwindigkeit der beiden Bewertungssysteme Würmli und Verstand informiert ist, kann prima damit leben, dass die Verstandesbewertung mit Verzögerung kommt, weil er weiß, dass dies völlig gesund und normal ist. Und weil man dies weiß, ist es ebenso selbstverständlich, zum Telefon zu greifen und im Kindergarten anzurufen: „Hallo, ich bin's! Ich habe nochmal über die Götterspeise-Torte nachgedacht und gemerkt, dass ich zu schnell zugesagt habe. Ich bekomme das in meinem Zeitplan gar nicht unter. Ich würde euch stattdessen einen Vampir-Kuchen backen, ist das auch okay?“

„Schreiben Sie doch mal was über Gutmütigkeit“, bat mich unlängst eine Taxifahrerin, die mich oft vom Flughafen nach Hause fährt. „Was verstehen Sie denn unter Gutmütigkeit?“, fragte ich interessiert. „Na ja, wenn man immer alles Mögliche zusagt, den anderen zuliebe. Wenn man zu gutmütig ist, um mal Nein zu sagen. Ich nehme mir das so oft vor, aber irgendwie lasse ich mich immer wieder breitschlagen. Mein Mann sagt zu mir, ich sei halt einfach zu gutmütig. Da hat er recht!“ In der Tat kann die ganze Thematik, die auf den vorangehenden Seiten besprochen wurde, auch unter

das Thema „Gutmütigkeit“ gefasst werden. Gutmütigkeit ist ein liebenswerter Charakterzug, an dem es grundsätzlich gar nichts auszusetzen gibt. Aufpassen muss man nur dann, wenn man bemerkt, dass man sich selbst mit seiner Gutmütigkeit schädigt.

Gibt es hinsichtlich dieser Gutmütigkeit einen Unterschied zwischen Mann und Frau? Sind Frauen-Würmli anfälliger für diese Vorgänge als Männer-Würmli? Gerade Männer, die im besten Sinne emanzipiert sind und gelernt haben, sich auf ihr Gegenüber einzustellen, haben ein großes Problem mit der Gutmütigkeit. Sie haben typischerweise viel Verständnis für ihre geliebte Frau und streiten nicht gern. Sie leben und lieben gerne in harmonischen Verhältnissen. Sie kennen ihre Partnerin gut und wissen, mit welchen Verhaltensweisen man sie auf die Palme bringt und mit welchen Handlungen man sie besänftigen kann. Nachgiebigkeit und Kooperationsbereitschaft betrachten sie nicht als unmännlich, sondern als Selbstverständlichkeit, die zum Gelingen einer Partnerschaft beiträgt. Diese Kombination von Kompetenzen ist zum einen wunderbar, denn sie hat uns ein neues Männerbild beschert. Allerdings stellen viele Männer dieses Typs fest, dass sie sich in ihrer Partnerschaft über die Jahre selbst verloren haben.

Sie haben sich angepasst an ihre Frau und dann an die Kinder, an die Schwiegereltern, an die Nachbarn und im Beruf. Und irgendwann haben sie das Gefühl, dass es sie selbst gar nicht mehr gibt. Der Wurm droht in der Wurm-Suppe unterzugehen.

Das Undankbare dabei ist außerdem, dass ein derart domestizierter Mann auf die meisten Frauen erotisch nicht mehr attraktiv wirkt. Im krassen Fall finden sich Männer mit dem Alice-Schwarzer-Gütesiegel, die im Haushalt mit anpacken, ihre Frau als völlig gleichberechtigt ansehen und ihre Hälfte der Kinderbetreuung gewissenhaft und mit Hingabe übernehmen, in einer Situation des sexuellen Dauernotstands wieder, weil im Bett absolut nichts mehr läuft.

Hier hilft nur eines: den Wurm am Schopf packen, einen großen Schritt zurücktreten und sich viel Zeit für sich selbst nehmen. Es gibt gut durchführbare Methoden, mit denen ein Mann in dieser Lebenssituation seinen Standort wieder zuverlässig bestimmen kann und als Einzelwesen wieder sichtbar wird. Und in vielen Fällen hat dies auch sofort Auswirkungen auf die erotische Stimmungslage des Paares. Sexuelle Attraktivität hat eben auch viel mit Reibung und einem Kräftemessen in Liebe zu tun. Einfach immer nur nachgeben, das kann langweilig werden, für alle Beteiligten.

Ich hoffe, dass dieses Kapitel Ihnen Lust und Mut darauf gemacht hat, die Bedürfnisse Ihres Wurms aufzuspüren, sie ernst zu nehmen, in Sprache zu fassen und sie den Menschen, die Sie lieben, mitzuteilen. Niemand hat etwas davon, wenn eine Ehe oder eine Familie nur noch aus einem Klumpen weichgesottener Würmer besteht. Zufrieden und lebendig ist eine Gemeinschaft dann, wenn kraftstrotzende Würmer freiwillig und liebevoll ihr Zusammenleben miteinander gestalten. Probieren Sie es aus, es wird Ihnen Spaß machen!

Merksätze für den Umgang mit Wurm-Suppe

1. Wenn der Wurm in der Suppe schwimmt, kann ihn nur der Verstand retten.
2. Dass die Verstandesbewertung mit Verzögerung eintritt, ist normal.
3. Die Suche nach Lösungen muss mit beiden Systemen erfolgen, mit Verstand und Wurm.
4. Man darf eine Zusage, die der Wurm gemacht hat, aufgrund von Verstandesüberlegungen zurücknehmen. Davon geht die Welt nicht unter.

Die PSI-Theorie

von Julius Kuhl

Weil Sie, liebe Leserin, lieber Leser, nun mit der Wurm-Bilanz vertraut sind, werde ich Sie mit einem Aspekt der Wurm-Signale bekannt machen, der für Würmer in Interaktion ausgesprochen wichtig werden kann. Den Aspekt, den ich im Folgenden anhand der Wurm-Metapher darstelle, hat Julius Kuhl in seiner PSI-Theorie entwickelt.

Erinnern wir uns: Es gibt zwei Varianten, wie das Würmli Geschehnisse bewerten kann. Ihm stehen negative Gefühle zur Verfügung, die sich als „gmrpfl" äußern, und positive Gefühle, die man als „bingo" wahrnehmen kann. „Grmpfl" und „bingo" können auch gleichzeitig auftreten, dann haben wir es mit gemischten Gefühlen zu tun.

Julius Kuhl hat nun herausgefunden, dass „grmpfl" beziehungsweise „bingo" nicht nur die Aufgabe haben, eine Bewertung abzugeben. Sie können noch viel mehr: Je nachdem, ob eine Person starkes „bingo" oder starkes „grmpfl" erlebt, ändert sich die Art und Weise, wie die Welt wahrgenommen und eingeschätzt wird. Kuhl spricht in diesem Zusammenhang von positiven und negativen Affekten, durch die verschiedene Funktionssysteme in der menschlichen Psyche aktiviert werden. Affekt ist das wissenschaftliche Wort für die blitzschnellen, gefühlten Wurm-Signale, die noch nicht vom Verstand analysiert und bearbeitet wurden. Man kann sich bildlich vorstellen, dass eine bestimmte Affektlage so etwas wie den Treibstoff darstellt, den ein Funktionssystem braucht, um anzuspringen und tätig zu werden. Schauen wir uns im Folgenden die vier Funktionssysteme an, über die Kuhl in seiner Theorie geschrieben hat. Im Anschluss an den allgemeinpsychologischen Überblick werde ich diese Theorie dann auf das Strudelwürmli übertragen.

Die vier Funktionssysteme der PSI-Theorie

Das Selbst

Das Selbst ist ein Teil der menschlichen Psyche, der anspringt, wenn man wenig oder gar keinen negativen Affekt hat. Kein „grmpfl“ ist weit und breit am Horizont zu sehen. Mit anderen Worten: wenn ich mich in einem Zustand der Ruhe und Gelassenheit befinde.

Stellen Sie sich vor, Sie flacken sich nach einem anstrengenden Arbeitstag auf Ihr Sofa, machen es sich so richtig gemütlich mit einem Tee oder einem Bier und kuscheln sich an Ihren Liebsten oder an Ihre Liebste. Die Welt bleibt draußen, in Ihnen breitet sich eine Stimmung von Geborgenheit und Ruhe aus. Ihr negativer Affekt wird jetzt gedämpft, Ihr Selbst ist stärker aktiviert als vorher, als Sie sich noch Sorgen machten, was der Hinterhuber wohl im Schilde führt und ob die Neue in der Abteilung wohl vertrauenswürdig ist. Bei Kuhl heißt diese Fähigkeit, negativen Affekt herunterzufahren, „Selbstberuhigung“.

In so einer Stimmung der Gelassenheit und Ruhe kann es geschehen, dass Ihnen Lösungen einfallen, nach denen Sie vielleicht schon seit Tagen suchen. Einfach so, als fielen die Ideen vom Himmel direkt in Ihren Schoß. Die Dichter umschreiben diesen Ideensegen mit den Worten „von der Muse geküsst“. Damit wird ausgedrückt, dass der Mensch, dem dieses Geschenk wiederfährt, das Gefühl hat, er habe sich das nicht selbst ausgedacht, sondern es sei plötzlich über ihn gekommen.

Vielen Menschen geschieht so ein Ideensegen unter der Dusche, in der Badewanne oder kurz vor dem Einschlafen. Ich kenne einen Pfarrer, der die besten Ideen für seine Predigten abends im Bett hat. Mir selbst kommen die besten Ideen beim morgendlichen Spazier-

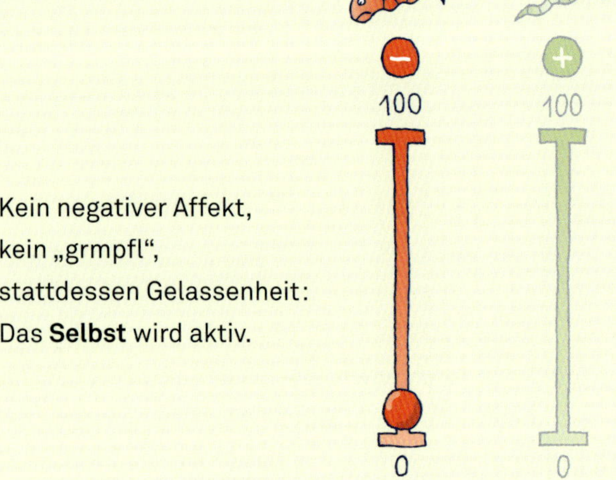

Kein negativer Affekt,
kein „grmpfl“,
stattdessen Gelassenheit:
Das **Selbst** wird aktiv.

> Menschen, bei denen häufig das Selbst aktiv ist, können prima mit Stress umgehen.

gang mit meinem Hund. Viele Ideen für dieses Buch verdanken ihre Geburt letztlich meinem Hund, der mich zum Spaziergang abgeholt hat. Alle diese Situationen haben eines gemeinsam: Man befindet sich in einer entspannten und gelassenen Stimmung. Das Selbst wird aktiv, und Sie haben Zugriff auf Ihre gesamten Erfahrungen, die Sie in Ihrem Leben gemacht haben – die sind dem Selbst nämlich zugänglich. Wenn Sie Zugang zu diesem großen privaten Erfahrungsarchiv haben, besitzen Sie auch ein hervorragendes Gespür für Ihre Bedürfnisse. Wie ein Seismograph können Sie mühelos klären, was Sie gerade brauchen und was gut für Sie wäre. Ihre Gedanken können ungehindert zwischen allen Regionen Ihres Gehirns hin- und herwandern.

Menschen, bei denen häufig das Selbst aktiv ist, können prima mit Stress umgehen und negative Gefühle schnell und nachhaltig bewältigen. Sie haben ein gutes Gespür dafür, was ihnen guttut, und vermeiden automatisch Situationen, die sie belasten könnten. Diese ausgesprochene Unbekümmertheit hat jedoch auch eine Kehrseite: Sie können deswegen oberflächlich wirken, als hätten sie statt einer Haut eine Teflonschicht, an der alles abperlt. Woher kommt dieser Eindruck? Durch die entspannte Stimmungslage, also durch die Abwesenheit jeglichen „grmpfl", kann ein anderer, sehr wichtiger Teil der Psyche nicht arbeiten. Es handelt sich hierbei um den Fehler-Zoom. Der Fehler-Zoom ist darauf spezialisiert, unangenehme Details wahrzunehmen und Vorgänge zu entdecken, die nicht optimal laufen und Anlass zur Sorge geben. Er braucht als Treibstoff ein dickes, fettes „grmpfl". In der Sprache der Psychologie: Er benötigt starken negativen Affekt. Nur durch das Zulassen des Entstehens von negativem Affekt ist eine detaillierte Analyse eines Misserfolgs möglich. So können Probleme erkannt und neue Erfahrungen in den Erfahrungsschatz integriert werden.

Der Fehler-Zoom

Folgende Geschichte illustriert die Stimmung, mit der Sie Ihren Alltag erleben, wenn Ihr Fehler-Zoom aktiv ist: Stellen Sie sich vor, Sie steigen nach einem anstrengenden Arbeitstag in Ihr Auto. Sie hatten eben noch eine Auseinandersetzung mit Ihrer Chefin. Bevor Sie den Zündschlüssel umdrehen, lassen Sie den Streit nochmals vor Ihrem inneren Auge ablaufen. Sie überlegen sich, was der Auslöser war, wer was gesagt hat und wie verletzend die Aussagen Ihrer Chefin für Sie waren. Wie konnte es so weit kommen? Was denkt Ihre Chefin nun von Ihnen? Wie lange wird die schlechte Stimmung zwischen Ihnen und Ihrer Chefin anhalten? Was hätten Sie anderes antworten können? Wie werden Sie sich morgen verhalten? Ihre Gedanken kreisen wie wild um die Geschehnisse. Ein großes „grmpfl" liegt Ihnen auf der Seele, negativer Affekt ist aktiviert und deshalb auch Ihr Fehler-Zoom, was dazu führt, dass Sie ängstlich und besorgt sind. Selbst jetzt, dreißig Minuten nach der Auseinandersetzung, grübeln Sie noch immer über Einzelheiten des Geschehens nach. Das große „grmpfl" klebt an Ihnen wie Pattex, und die entsprechende Stimmungslage begleitet Sie den ganzen Abend. Zu Hause merkt Ihr Partner sofort, dass etwas nicht stimmt. Auch Ihre Kinder bekommen das „grmpfl" deutlich zu spüren, weil Sie gereizter und kleinlicher sind als üblich. In den Kinderzimmern fällt Ihnen die Unordnung auf, die Sie sonst nicht dermaßen stört. Die Musik ist zu laut, die Antworten zu frech. Beim Abendbrot sind die Kinder zu unruhig, und selbst der Hund scheint mehr zu betteln als üblich. Je länger dieser negative Affekt anhält, desto schlechter wird Ihre Stimmung. Sie stolpern über den Hundeknochen und verstauchen sich dabei den Knöchel. Ein richtiger Mistabend ist das heute.

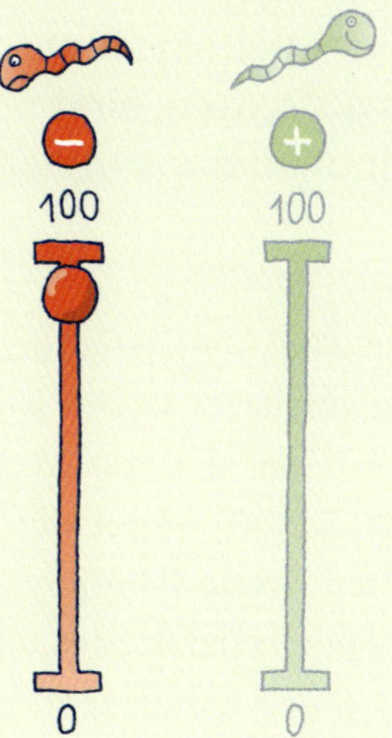

Starker negativer Affekt,
großes „grmpfl“,
ein Gefühl von Besorgnis:
Der **Fehler-Zoom** wird aktiv.

Wenn wir uns im Funktionssystem des Fehler-Zooms aufhalten, sind wir deutlich empfindlicher als üblich.

Wenn wir uns im Funktionssystem des Fehler-Zooms aufhalten, sind wir deutlich empfindlicher als üblich und ärgern uns über jeden noch so kleinen Anlass, der unseren Weg kreuzt. Diese Sicht der Welt nennt Kuhl die „Selbstkonfrontation", weil wir uns selbst dauernd mit konflikthaften Themen konfrontieren. Selbstkonfrontation ist in gewissen Situationen oder in bestimmten Berufen sehr von Vorteil. Zum Beispiel wenn es darum geht, bei uns oder bei anderen mögliche Fehler vorauszuahnen, besorgniserregende Gefahrenquellen zu entdecken oder sehr sorgfältig und genau zu arbeiten, wie in der Firma beim Arbeitsschutz, in der Buchhaltung oder bei der Steuererklärung. Nachteil: Wenn wir in jeder Suppe ein Haar finden, können wir von der Umwelt als kritisch, humorlos und kleinlich wahrgenommen werden. Noch einen anderen gravierenden Nachteil bringt der Fehler-Zoom mit sich: Der Zugang zum Selbst ist durch den aktivierten negativen Affekt versperrt, und wir haben darum nicht den zuverlässigen Zugang zu unseren persönlichen Bedürfnissen, den das Selbst vermittelt. Dieser Zustand kann auf Dauer zu Überlastung und Erschöpfung führen, weil unser Gespür dafür, was uns gut tut und was nicht, verloren geht.

Die intuitive Verhaltenssteuerung

Stellen Sie sich vor, Sie sind an einem schönen Sommernachmittag mit Ihren Kindern im Freibad und planschen quietschvergnügt mit ihnen im Kinderbecken. Alle spielen, kreischen und lachen. Ihr positiver Affekt ist aktiviert und damit auch Ihre intuitive Verhaltenssteuerung. Das führt dazu, dass Sie freudig und tatkräftig sind.

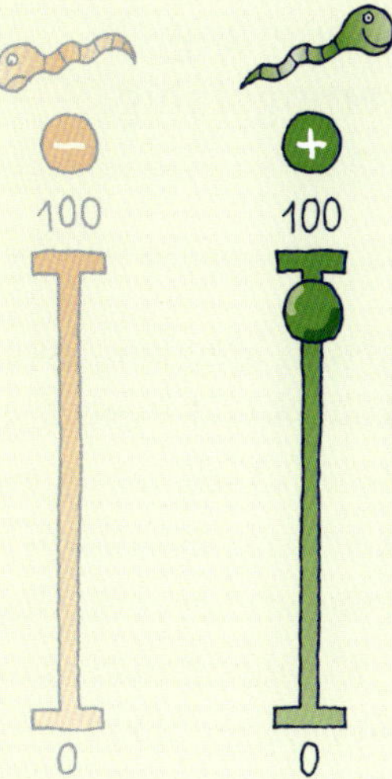

Starker positiver Affekt, großes „bingo“, ein Gefühl von Euphorie und Tatendrang: Die **intuitive Verhaltenssteuerung** wird aktiv.

Wenn die intuitive Verhaltenssteuerung aktiv ist, sind wir sehr begeisterungsfähig.

Hemmungen, die Sie sonst davon abhalten, spontan zu handeln, werden im Nu aus dem Weg geräumt oder existieren auf einmal gar nicht mehr. Deshalb lassen Sie sich auch dazu hinreißen, mit Ihrem Kind auf die Kinderrutsche zu gehen und in möglichst hohem Tempo runterzuflitzen. Auch wenn Sie sonst eher zurückhaltend sind, lassen Sie sich von der ausgelassenen Stimmung anstecken und kehren nach einer Stunde erschöpft, aber fröhlich auf Ihre Decke zurück.

Wenn die intuitive Verhaltenssteuerung aktiv ist, sind wir sehr begeisterungsfähig und haben schier unerschöpfliche Handlungsenergie. Da die intuitive Verhaltenssteuerung Zugriff auf viele bereits gut gelernte und automatisierte Verhaltensweisen hat, gelingt es uns damit mühelos – eben intuitiv –, unsere Vorhaben in die Tat umzusetzen. Bei Kuhl heißt diese Fähigkeit „Selbstmotivierung“. Langeweile ist uns fremd, und unser Leben scheint viel zu kurz, um es mit Nachdenken und Abwarten zu verbringen. Wir probieren lieber gleich aus, anstatt lange zu überlegen. Das kann sich natürlich auch nachteilig auswirken. Vor lauter Spontaneität hinterlassen wir möglicherweise einen wenig reflektierten und unüberlegten Eindruck. Aktivierter positiver Affekt (gleichbedeutend mit einem großen „bingo“) lässt uns spontan handeln und schwächt den Zugang zum Verstand und damit zu planvollem Vorgehen. Gerade bei größeren Projekten, bei denen nicht auf Routinen zurückgegriffen werden kann, ist die Planung mit dem Verstand aber dringend notwendig. Menschen, die bevorzugt mit der intuitiven Verhaltenssteuerung unterwegs sind, fällt es oft schwer, mit einer Handlung bis zum richtigen Zeitpunkt abzuwarten. Sie werden sehr schnell, manchmal zu schnell, aktiv. Langfristige Vorhaben und vorausschauende Planung lassen sich nur mit dem Verstand gut bewältigen. Der Zugang zum Verstand ist aber blockiert, wenn uns starke „bingo“-Gefühle überfluten.

Der Verstand

Wenn Sie heute Abend Gäste zu einem Käsefondue eingeladen haben und gerade dabei sind, Ihren Einkauf zu planen, stehen Sie wahrscheinlich in nüchterner und sachlicher Stimmung in der Küche. Sie öffnen den Kühlschrank und den Vorratsschrank, um zu überprüfen, ob noch genügend Knoblauch, Weißwein, Maisstärke und Kirschwasser vorhanden sind. Mit gedämpftem positivem Affekt berechnen Sie die Menge an Käse und Brot, die Sie einkaufen müssen, und schreiben Ihren Einkaufszettel. Der Verstand übernimmt hier die Steuerung von Denken und Verhalten, was dazu führt, dass Sie zurückhaltend und distanziert vorgehen. Die nüchterne und sachliche Stimmung versetzt Sie in die Lage, Vorhaben zu planen und so lange aufzuschieben, bis der richtige Moment zum Handeln gekommen ist. Erst, wenn Sie sich sicher sind, dass Sie alle Aspekte und alle Details berücksichtigt haben, schreiten Sie zur Tat. Diese Affektlage verhindert, dass Sie abends, kurz bevor die ersten Gäste kommen, noch schnell zur Tankstelle fahren müssen, weil Sie bei Ihrem Einkauf den Wein vergessen haben.

Wenn der Verstand aktiv ist und die „bingo"-Euphorie möglichst weit runtergeschraubt ist, sind wir besonders gut im Planen und im Austüfteln von Strategien. Wir nehmen uns die nötige Zeit, um alle Aspekte einer Absicht genau zu überdenken. Erst, wenn sämtliche Eventualitäten in unsere Planung eingeflossen sind, und nur, wenn für alle Einwände befriedigende Lösungen gefunden wurden, schreiten wir zur Tat. Diese Fähigkeit, Handlungsimpulse zurückzuhalten, nennt Kuhl „Selbstbremsung". Auch langfristige Planungen, die weit in die Zukunft hineinreichen, sind für uns kein Problem, wenn der Verstand aktiv wird. Wir verlieren Vorhaben, die wir nicht sofort

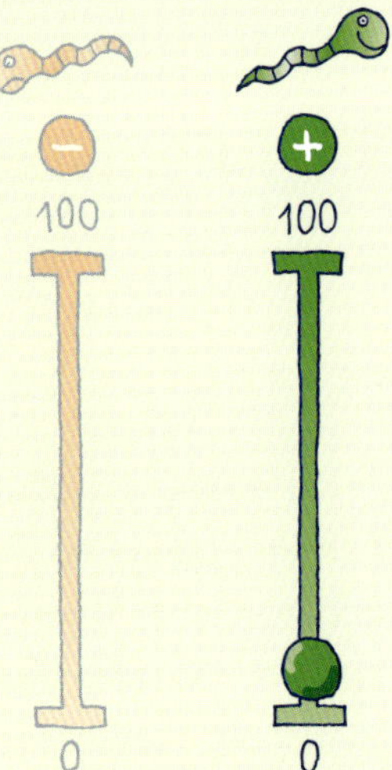

Gedämpfter positiver Affekt, wenig oder kein „bingo“, ein Gefühl von Sachlichkeit und Distanz: Der **Verstand** wird aktiv.

> Wenn der Verstand aktiv ist, sind wir besonders gut im Planen und im Austüfteln von Strategien.

umsetzen können, niemals aus den Augen und können langfristige große Vorteile den kurzfristigen kleinen Vorteilen vorziehen. Allerdings wirken Menschen, die den Alltag überwiegend mit dem Verstand betrachten, mit ihrer Strukturiertheit und ihrem ständigen Planen auf die Umwelt manchmal sehr nüchtern, unspontan und freudlos. Mit gedämpftem positivem Affekt und schwachem „bingo" ist der Zugang zur intuitiven Verhaltenssteuerung erschwert. Geplante Handlungen in die Tat umzusetzen, gelingt deutlich besser, wenn positiver Affekt aktiviert ist.

top
I ♥ Sara
Anna
Barbara

Vier Wurm-Typen – Dickhäuter und Dünnhäuter

Die PSI-Theorie und die Aussage, dass die menschliche Psyche über vier Teilsysteme verfügt, die durch unterschiedliche Affektlagen aktiviert oder blockiert werden können, lässt sich gut auf die Wurm-Metapher übertragen. In der Sprache des Strudelwürmli würde man diesen Sachverhalt folgendermaßen ausdrücken: Jeder Mensch hat ein Strudelwürmli, in jedem Menschen ist „der Wurm drin". Die Würmli sind jedoch nicht alle gleich. Das wäre ja langweilig, dann gäbe es ja gar keine Unterschiede zwischen den Menschen. Die Würmli können sich ziemlich verschieden aufführen und ihren Besitzer bzw. ihre Besitzerin zu ganz verschiedenen Handlungsweisen führen. Erinnern wir uns: Wichtig für das Aktivieren der Teilsysteme ist die Affektlage, genauer gesagt, das Vorhandensein oder das Fehlen von negativem beziehungsweise positivem Affekt.

In der Metapher des Würmlis können wir diesbezüglich von Dickhäutern und Dünnhäutern sprechen. Mit Dickhäuter und Dünnhäuter meine ich genau das, was in den Begriffen enthalten ist. Manche Würmli haben eine extrem dicke Haut, wenn es darum geht, „grmpfl" wahrzunehmen. Das heißt, es braucht extrem viel Ärgerliches um sie herum, bis sie sich ein wenig aufregen. Dickhäuter eben. Elefanten-Würmer, wenn man so will.

Der „grmpfl"-Dickhäuter

Ich habe den „grmpfl"-Dickhäuter so gezeichnet, dass man deutlich sehen kann, dass es ihm bestens geht, obwohl er umgeben ist von feindseligen Pfeilen. Die Pfeile sollen ein Sinnbild sein für schwierige Umgebungsbedingungen, in denen sich das Würmli aufhält. Das kann eine giftige Nachbarin sein, das kann eine drohende Steuernachzahlung des Finanzamtes sein, das kann ein schlecht geübtes Klavierstück sein, das man am nächsten Tag beim Klassenvorspiel vortragen muss – die feindseligen Pfeile, die der ganz normale Alltag

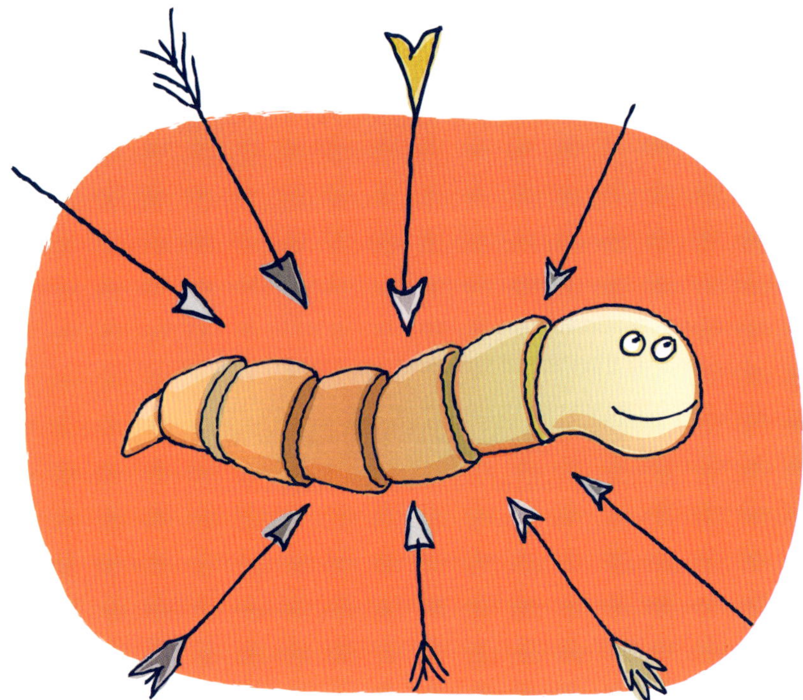

für Würmer bereithält, sind ungezählt. Wurm-Besitzer und Wurm-Besitzerinnen unterscheiden sich darin, wie leicht beziehungsweise wie schwer ihr Wurm wegen der Attacken negativen Affekt entwickelt. Der „grmpfl"-Dickhäuter entwickelt lange, lange, wirklich sehr lange nicht das allergeringste „grmpfl", denn er hat eine dicke Haut. Wir haben oben schon darüber gesprochen, dass diese Eigenschaft zwei Seiten hat (wie fast alles im Leben): Einerseits ist dieser Wurm überdurchschnittlich stressresistent. Andererseits kann ihm gerade diese Stressresistenz das Genick brechen, denn er bemerkt nicht, wenn sich um ihn herum Unheil zusammenbraut.

Auf RTL 2 läuft eine Sendung, die ich mir immer wieder mit größtem Genuss anschaue: „Die Kochprofis". In dieser Sendung geht es darum, dass die Kochprofis – eine Gruppe von bekannten Sterneköchen – von Restaurantbesitzern zu Hilfe gerufen werden, deren Betrieb vor dem finanziellen Ruin steht. Sie fahren dann mit einem Kleinbus dorthin, sichten die Lage, schauen sich die Buchhaltung an, lassen den Koch probekochen und verkosten die Ergebnisse, beobachten den Service und zählen die Gäste. Sie entwerfen dann aufgrund ihrer Analyse einen Plan und sprechen mit der Inhaberin oder dem Inhaber sowie dem Team. Wenn alles gut läuft, dann wird das Restaurant optimiert und die Gäste kommen wieder. In der Phase, in der die Kochprofis ihre Beobachtungen rückmelden und Verbesserungsvorschläge machen, kann man ganz wunderbar die Wurm-Reaktionen der verschiedenen Wurm-Typen beobachten. Die „grmpfl"-Dickhäuter haben oftmals noch nicht einmal realisiert, dass ihr Betrieb kurz vor der Pleite steht! Sie sind die Ruhe selbst, und das Einzige, worüber sie sich richtig ärgern, sind nach ihrer Sicht die Miesmacher in Gestalt der Kochprofis, die alles schlechtreden und überhaupt nicht ressourcenorientiert und optimistisch sind.

„Wie kann man nur so ein Erbsenzähler sein!“, schimpft der „grmpfl“-Dickhäuter in die Kamera. „Die kommen hierher und meckern an allem rum, die lassen kein gutes Haar an meiner Küche. Das ist doch wirklich übertrieben! Ich hatte mir das anders vorgestellt. Die wollen hier ja keinen Stein auf dem anderen lassen!“ Die Kochprofis haben mit den „grmpfl“-Dickhäutern immer die größte

Ein „grmpfl“-Dickhäuter ist nur sehr schwer davon zu überzeugen, dass es Grund gibt, sich Sorgen zu machen.

Mühe unter allen Wurm-Typen, denn ein ausgeprägter „grmpfl“-Dickhäuter ist wirklich nur sehr, sehr schwer davon zu überzeugen, dass es Grund gibt, sich Sorgen zu machen.

Wenn ich in meinen Vorträgen von diesem Wurm-Typ erzähle, kommen hinterher regelmäßig andere Wurm-Typen zu mir, die mir verzweifelt berichten, dass sie einen „grmpfl“-Dickhäuter als Schulleiterin, als Pfarrgemeinderat oder als Vorsitzenden des Hundesportvereins haben. Dass die Schule den Bach runtergeht, in der Seelsorgeeinheit jede Menge kalte Konflikte zwischen den Ehrenamtlichen toben und der Hundesportverein einen Massenaustritt der Mitglieder zu verzeichnen hatte. Wer davon nichts mitbekommt, wen das völlig kaltlässt, wer die Ruhe selbst ist, das ist der „grmpfl“-Dickhäuter, der in seiner Führungsposition einfach untätig bleibt und die Sorgen der anderen Wurm-Typen für Übertreibung oder für Hysterie hält. Warum finden sich so oft gerade in Führungspositionen diese Wurm-Typen? Weil sie stressresistent sind. Andere Wurm-Typen kriegen nachts kein Auge zu, wenn sie sich die ganze Verantwortung, die sie tragen, durch den Kopf gehen lassen. Der „grmpfl“-Dickhäuter ist die Ruhe selbst und ein Fels in der Brandung. Wenn solch ein Dickhäuter lernt, die dicke Haut ab und zu auszuziehen und sich mit negativem Feedback zu befassen, dann ist er wirklich die perfekte Führungskraft. Wenn er das nicht lernt, dann macht ihm die Bank eines Tages das Gasthaus „Zum fröhlichen Ränzel“ einfach zu, und der Kuckuck klebt auf der Geschirrspülmaschine.

Um beim Beispiel der Kochprofis zu bleiben: Dreimal dürfen sie raten, wer bei RTL 2 angerufen hat, um die Kochprofis zu Hilfe zu holen? Das war der „grmpfl“-Dünnhäuter, den wir gleich besprechen werden.

Der „grmpfl"-Dünnhäuter

„Grmpfl"-Dünnhäuter sind das absolute Gegenteil von „grmpfl"-Dickhäutern. Sie unterscheiden sich in zweierlei Hinsicht. Erstens schrillen bei ihnen die Alarmglocken schon beim allerkleinsten Anlass. Wirklich beim allerklitzekleinsten Mini-Mäuse-Anlass. Man kann eigentlich sogar sagen, dass sie in der ausgeprägten Form in einem Dauer-Alarmzustand durch die Gegend laufen. Sie sind einfach extrem empfänglich für alle Gründe, warum man sich Sorgen machen könnte, und sie sind Experten darin, die Sorgen gründlich und ausführlich zu durchdenken. Sie schauen eine Sorge von allen Seiten an, sie drehen die Sorge in jede Perspektive, sie betrachten sie

> Beim „grmpfl"-Dünnhäuter schrillen die Alarmglocken schon beim allerkleinsten Anlass.

bei Tag, bei Nacht, bei Regenwetter und bei Sonnenschein. Man könnte die Sorge auch einmal unter Wasser betrachten oder im Schneegestöber, man könnte mal schauen, wie viel Hitze so eine Sorge aushält oder wie viel Kälte – „grmpfl"-Dünnhäuter haben das alles schon ausprobiert. Wo der „grmpfl"-Dickhäuter noch gar nicht bemerkt hat, dass es überhaupt eine Sorge gibt, hat der „grmpfl"-Dünnhäuter schon genug Material für eine Doktorarbeit über diese Sorge angesammelt.

Hat schon einmal jemand ausprobiert, ob man eine Sorge essen kann? Mit einer Currysauce vielleicht und einem Hauch Chili? Auf jeden Fall muss man überprüfen, ob die Sorge rutschfest ist und ob man mit ihr Rasen mähen kann.

Zweitens haftet eine Sorge, wenn sie einmal aufgestöbert wurde, am „grmpfl"-Dünnhäuter für ganz lange, lange Zeit. Böswillige Zeitgenossen könnten deswegen lästern, dass „grmpfl"-Dünnhäuter mimosenhaft und nachtragend seien. Das ist aber nicht der Fall, wie Ihnen jeder „grmpfl"-Dünnhäuter sofort versichern kann. Ein Strudelwürmli dieses Typs ist nicht nachtragend. Es muss nur mit dem Phänomen leben, dass sich jede Sorge sofort mitten ins Wurm-Herz bohrt und dort stecken bleibt – mit tausend Widerhaken. Die „grmpfl"-Dünnhäuter könnten liebend gerne auf diese Eigenschaft verzichten, glauben Sie mir. Aber sie sind mit dieser Dünnhäutigkeit geboren und haben im Laufe ihres schweren Lebens gelernt, mit dieser Veranlagung zurechtzukommen.

Außerdem sind die „grmpfl"-Dünnhäuter der Ansicht, dass manche Menschen viel zu blauäugig durchs Leben gehen und dass es bedeutend weniger Probleme unter den Menschen gäbe, wenn man sich einmal die Zeit für eine gründliche Fehleranalyse nehmen würde und nicht einfach immer draufloswurschteln würde, ohne aus

den Fehlern der Vergangenheit zu lernen. Während der Dickhäuter also aus einem ganzen Pfeilregen unbeschadet und bester Laune hervorgeht, findet man das Dünnhäuterwürmli schon nach einem einzigen Pfeilschuss schwer verletzt und mit tiefen Wunden heftig atmend in einer Ecke liegen.

Aufgrund der leichten Aktivierbarkeit der „grmpfl"-Bewertung ist bei den Dünnhäutern der Fehler-Zoom im Dauerbetrieb. Sie nehmen sich selbst von der Fehlersuche keineswegs aus, darum sind diese Würmli auch ziemlich selbstkritisch. Die dauernde Selbstkritik wiederum kann dazu führen, dass es diese Würmli ein wenig schwer damit haben, sich selbst gut zu finden. Bei vielen von ihnen sind Selbstzweifel der Normalzustand. Würmli dieses Typs profitieren ganz enorm davon, wenn sie sich klarmachen, dass man die Welt auch mit anderen Augen als mit dem Fehler-Zoom betrachten kann.

Wie „grmpfl"-Dickhäuter und „grmpfl"-Dünnhäuter miteinander auskommen

Wenn diese zwei Wurm-Typen miteinander zu tun haben, dann können wegen der völlig unterschiedlichen Art und Weise, wie negativer Affekt entsteht, allerhand Missverständnisse auftreten. Im schlimmsten Fall gehen sich diese beiden Wurm-Typen schrecklich auf die Nerven.

Der „grmpfl"-Dünnhäuter wird vom Dickhäuter als Spaßbremse und Erbsenzähler erlebt: „Immer hast du was zu meckern, ständig suchst du das Haar in der Suppe. Meine Güte, kannst du nicht einfach einmal mit irgendwas zufrieden sein?"

Die Antwort des Dünnhäuters könnte ungefähr so ausfallen: „Also, wenn es nach dir ginge, dann würde niemand den Rasen mähen, der Hund würde voller Zecken rumlaufen, und die Glühbirne an der Toreinfahrt wäre in fünf Jahren noch nicht ausgewechselt. Ich kann das einfach nicht verstehen, wie man offensichtliche Mängel dermaßen konsequent übersehen kann. Sei froh, dass du mich hast, dein Leben würde sonst komplett den Bach runtergehen!"

„Grmpfl"-Dickhäuter: „Naja, ob ich da so froh sein soll, das weiß ich nicht. Ich hätte auf jeden Fall deutlich mehr Ruhe und Entspannung, wenn ich dich nicht hätte. Da muss man schon ein dickes Fell haben, um diese Dauernörgelei zu ertragen, das kannst du mir glauben. Das macht auch nicht jeder mit."

„Grmpfl"-Dünnhäuter: „Das ist ja gerade das, was ich an dir kritisiere, jetzt sagst du es schon wieder. Dauernörgelei, das ist abwertend und unverschämt. Wann kapierst du das endlich, dass meine Anregungen wertvoll sind und dass ich damit dazu beitrage, dass unser Alltag geordnet verläuft und wir keine bösen Überraschungen

Ein „grmpfl“-Dünnhäuter kann sehr davon profitieren, wenn er die Ruhe, die der Dickhäuter verströmt, zu schätzen weiß.

erleben? Glaubst du, das ist toll für mich, wenn meine Ideen ständig als überflüssig und schwarzmalerisch dargestellt werden? Das ist auf Dauer schwer zu ertragen, deine mangelnde Wertschätzung!“

Wenn diese beiden Wurm-Typen sich über mehrere Jahre der Partnerschaft hinweg so beharken, bleibt am Ende von der Liebe nicht mehr viel übrig. Zu verschieden ist die Art und Weise, wie die beiden mit dem Alltag umgehen. Das Wissen über die PSI-Theorie von Julius Kuhl ist außerordentlich hilfreich und kann dabei helfen, sich klarzumachen, dass der jeweils andere Wurm-Typ in einer Welt lebt, die sich völlig unterschiedlich anfühlt.

Wenn zwei Menschen sich lieben, dann können sie auch probieren, ob es gelingt, die Eigenschaft des anderen Wurm-Typs für sich selbst als Bereicherung zu sehen. Denn es macht durchaus Sinn, davon auszugehen, dass jeder Wurm-Typ eine Fähigkeit besitzt, die der andere Wurm-Typ gut brauchen kann. Ein „grmpfl“-Dünnhäuter kann sehr davon profitieren, wenn er die Ruhe, die der Dickhäuter verströmt, zu schätzen weiß.

„Ja, es ist nicht angenehm, dass wir jetzt den Fleurop-Strauß für Hedwigs Geburtstag vergessen haben, Schatz. Aber schau mal, es gibt Schlimmeres auf dieser Welt. Ich rufe sie an und erkläre ihr, dass wir hier viel um die Ohren haben mit dem Umbau und dass wir das einfach verschwitzt haben. Ich bin ziemlich sicher, dass Hedwig sich auch über einen Strauß freut, der eine Woche später kommt. Blumen sind immer schön.“ Das kann ein „grmpfl“-Dickhäuter seinem geliebten Dünnhäuter ins Ohr flüstern, in Verbindung mit einer festen Umarmung und einem Kuss. Und wenn das Dünnhäuter-Würmli sich von der Gelassenheit anstecken lässt, dann könnte es antworten: „Okay, du hast recht, ich muss meine Nerven damit nicht so strapazieren. Hedwig ist ja vernünftig und ist uns sicher nicht böse.

Danke, dass du mich runtergeholt hast. Ich hätte mich jetzt fast schon wieder in was verrannt.“ Der Kuss wird erwidert und zwei Würmli sind glücklich miteinander. In der Sprache der Wissenschaft ausgedrückt, kann der „grmpfl“-Dickhäuter dem „grmpfl“-Dünnhäuter dabei helfen, negativen Affekt herunterzuregulieren. Viele „grmpfl“-Dünnhäuter profitieren ganz enorm davon, wenn sie in ihrer engeren Umgebung jemanden haben, der als Fels in der Brandung dienen kann. Allerdings ist hierfür die Voraussetzung, dass man die Eigenschaft des anderen schätzt.

Auch der „grmpfl"-Dünnhäuter hat für den geliebten Dickhäuter etwas zu bieten: „Liebling, wenn du jetzt nicht endlich anfängst, die Handwerker anzuschreiben, damit sie dir die Rechnungen nochmal mit der korrekten Adresse ausstellen, dann kommen wir mit der Steuererklärung in Teufels Küche. Ende nächster Woche müssen die Unterlagen eingereicht werden, und du weißt, dass die meisten Handwerker solche Aufgaben nicht zuoberst auf ihre Prioritätenliste setzen."

„Mensch, wenn ich dich nicht hätte!", wäre eine passende Antwort des „grmpfl"-Dickhäuters. „Ich habe da überhaupt nicht mehr dran gedacht, ich hätte das voll verschwitzt. Danke fürs Erinnern!" Und auch hier darf ohne Weiteres ein Kuss platziert werden.

Können Wurm-Typen sich auch ändern? Wie wäre es denn, wenn sich ein Dickhäuter leichter alarmieren lässt und lernt, selbst an die Steuererklärung zu denken? Und ein Dünnhäuter kann sich doch auch von alleine klarmachen, dass die Welt wegen des vergessenen Geburtstagstraußes nicht untergeht! Diese Fragen haben eine gewisse Berechtigung. Sie betreffen ein Thema, dem ich später gerne ein eigenes Kapitel widmen möchte, weil es für Beziehungen sehr wichtig werden kann: die Wurm-Schule. Ein Würmli kann nämlich durchaus Neues lernen, kein Mensch ist seinem Wurm einfach nur ausgeliefert. Als Partner oder Partnerin in einer Beziehung hat man jedoch nicht unbedingt immer Einfluss darauf, was der Wurm des geliebten Menschen lernen möchte und was nicht. Das kann letztendlich nur der Wurm-Besitzer oder die Wurm-Besitzerin selbst entscheiden. Darum sollte man sich auf jeden Fall zuerst mit der Frage beschäftigen, ob man die Eigenschaft des anderen Wurm-Typs nicht als Hilfe für den eigenen Alltag nutzen kann. Falls das gelingt, ist für ein friedliches Zusammenleben schon einmal eine sehr gute Basis geschaffen!

Wie wäre es denn, wenn sich ein Dickhäuter leichter alarmieren lässt und lernt, selbst an die Steuererklärung zu denken?

Der „bingo“-Dickhäuter

Auch auf der Skala der positiven Affekte gibt es Unterschiede zu verzeichnen, die sich in der Kommunikation und im Miteinander deutlich wahrnehmbar auswirken können. In der Wurm-Sprache ausgedrückt: Würmli können in der Produktion von „bingo“-Gefühlen schneller oder langsamer sein, und sie können ihr „bingo“ auch in schwacher oder starker Intensität erleben. Wir beginnen unsere Darstellung mit dem „bingo“-Dickhäuter.

> Viele Gründe zur Freude und nur eine sehr verhaltene Reaktion, das ist typisch für einen „bingo"-Dickhäuter.

Ich habe hier ein Würmli gezeichnet, das umgeben ist von ganz vielen Blumen. Die Blumen sollen Gründe zur Freude symbolisieren, also ganz viele mögliche „bingo". Und was für einen Gesichtsausdruck hat das „bingo"-Dickhäuter-Würmli? Ein minimales Lächeln zeichnet sich auf seinen Lippen ab, wirklich kaum wahrnehmbar. Viele, viele Gründe zur Freude und nur eine sehr verhaltene Reaktion, das ist typisch für einen „bingo"-Dickhäuter.

Im Jahr 2007 habe ich den gesamten Wettbewerb von „Germany's Next Topmodel" im Fernsehen verfolgt, weil ich von der Gruppendynamik unter den jungen Frauen völlig fasziniert war. Damals habe ich mir ernsthaft überlegt, die Folgen dieser Staffel zur Grundlage eines Uni-Seminars zum Thema „Kommunikation und Gruppendynamik" heranzuziehen. Aus diesen Überlegungen ist dann nichts wirklich Ernsthaftes geworden, aber ich habe inzwischen von einigen Uni-Dozierenden gehört, die tatsächlich ähnliche Projekte mit „Big-Brother"-Staffeln oder mit dem „Dschungelcamp" realisiert haben. Aus dieser Zeit ist mir jedoch ein Element für meine didaktische Schatztruhe für immer geblieben, und das ist Barbara Meier, die Mathematikerin. Sie ist eine „bingo"-Dickhäuterin, wie man sie sich prachtvoller nicht vorstellen kann und ideal für Studierende als Beispiel geeignet. Darum möchte ich Barbara Meier auch gerne in diesem Buch einführen.

Wer schon einmal in „Germany's Next Topmodel" hineingezappt ist, weiß, dass diese Sendung unter anderem vom Zickenkrieg lebt. Die Damen sind oft extrem dünnhäutig, nachtragend, biestig und aufbrausend. Wissenschaftlich ausgedrückt, würde man davon sprechen, dass ihre Affekte sehr leicht zu aktivieren sind, sowohl die negativen als auch die positiven. Barbara Meier war die ganze Staffel hindurch eine Ausnahme. Wenn wieder mal die Emotionen in der

Der „bingo"-Dickhäuter kann spontane Handlungsimpulse hemmen und hervorragend langfristig planen.

Gruppe hochkochten und sich überall Koalitionen und verfeindete Untergrüppchen bildeten, mahnte Barbara Meier stets zur Vernunft und blieb immer sachlich. Sie ließ sich nie zu vorschnellen Handlungen oder Aussagen hinreißen. Sie hielt sich zurück, überlegte in aller Ruhe den Sachverhalt und äußerte sich dann mit wohlüberlegten Worten und einer Meinung, die mit guten Argumenten begründet war. Sie studierte Mathematik, und dieses Studienfach ist typisch für „bingo"-Dickhäuter, so meine Erfahrung. Man findet diesen Wurm-Typ oft in der Welt der Zahlen, da fühlt er sich pudelwohl. Ihm gefallen dort die Exaktheit und die Abwesenheit von durchgeknallten gefühlsbetonten Würmern, die irrationalen Unfug daherreden. Wir finden „bingo"-Dickhäuter auch in den Studiengängen Informatik und Statistik. Viele EDV-Fachleute haben ein „bingo"-Dickhäuter-Würmli.

Dadurch, dass dieser Wurm-Typ extrem langsam positiven Affekt erzeugt, hat er einen privilegierten Zugang zum Verstand. Er kann spontane Handlungsimpulse hemmen und hervorragend langfristig planen. Diese Fähigkeit wird in einem Interview, das Barbara Meier über ihre Zukunftspläne gegeben hat, bereits in Reinkultur sichtbar. Vor meinem inneren Auge taucht hierzu eine Szene auf, wie Barbara Meier für ihr Vordiplom lernt, während der Rest der Model-Schar sich kreischend im Pool austobt und sich dabei mit Cocktails betrinkt, die ihnen zwei Tage Kopfweh bescheren.

Das tollste Beispiel für die Art und Weise, wie ein „bingo"-Dickhäuter die Welt aufnimmt, schenkte Barbara Meier mir und meinen Studierenden jedoch beim großen Finale der TV-Show. Das Finale wird extrem emotional inszeniert, die Dramaturgie zieht wirklich alle Register. Niemand kann sich diesem Gefühlsgewitter entziehen – außer einem „bingo"-Dickhäuter. Der kriegt das hin.

Drei „Mädchen" (wie Heidi Klum ihre Kandidatinnen nennt) haben es geschafft, eine wird den Vertrag mit der Zeitschrift „Cosmopolitan" bekommen und auf der Titelseite auftauchen. Zunächst wird der dritte Platz bekanntgegeben. Das Mädchen weint und flippt aus, ihr fehlen die Worte, sie dankt Mama und Papa, dem Goldhamster, allen Freundinnen und Freunden, dem Dorf, in dem sie wohnt, dem Lehrer, dem Team, sie knutscht Heidi Klum und schwenkt ein rosarotes Glücksbringer-Plüschbärchen in die Kamera. Barbara Meier und eine andere junge Frau warten derweil darauf, wer von ihnen beiden die Nummer eins wird. Barbara Meier steht da und sieht konzentriert aus. Heidi Klum lässt die Spannung ins Unermessliche steigen, sie arbeitet mit Musikeffekten, Kunstnebel und Lichtshow. Endlich, endlich wird verkündet, dass Barbara Meier gewonnen hat. Der Saal tobt, die Fans von Barbara Meier steigen auf die Stühle und kreischen ohrenbetäubend. Barbara Meier jedoch lächelt ein kleines feines Lächeln, mehr nicht.

Der Moderator ist ein wenig verzweifelt, denn er hätte wegen der Einschaltquoten gerne mehr Emotionen. Aber das ist mit einem echten „bingo"-Dickhäuter nicht zu machen! Er greift zum allerletzten Moderatorenmittel, der berühmten Frage nach dem Gefühl, die bei vielen Interviewpartnern dabei hilft, emotionale Ausbrüche hervorzulocken. „Wie fühlt man sich, wenn man einen Elfmeter verschossen hat?", „Wie fühlen Sie sich, jetzt, wo Ihre Nase operiert wurde?", „Wie fühlt ihr euch, jetzt, wo euer Haus vom Sender kostenlos saniert wurde?" – mit Joker-Fragen solcher Art rückte der Moderator auch Barbara Meier zu Leibe, um Stimmung in die Bude zu bringen. Ihre Antwort war großartig.

„Ich denke, ich fühle mich gut", antwortete sie ruhig, jedoch erst nach einer kleinen Pause. Man beachte die Wortwahl. An der

Wortwahl lässt sich nämlich ablesen, welches Teilsystem ihrer Psyche Barbara Meier zuerst in Betrieb nahm. Aus Barbara Meier sprudelten keine Gefühlswörtlein heraus. Nein, Barbara Meier dachte nach. Sie dachte darüber nach, wie man sich wohl fühlen könnte, wenn man den ersten Platz in einem Modelwettbewerb gewonnen hat, und sie kam nach einigem Überlegen (daher die kleine Verzögerung ihrer Antwort) zu dem Schluss, dass ein gutes Gefühl in solch einer Situation wohl angemessen sei. Und diese Erkenntnis teilte sie dem Moderator sachlich und klar mit.

> „Bingo“-Dickhäuter verfügen ebenfalls über Gefühle, sie denken einfach nur länger nach.

In meinen Workshops bekommen die „bingo“-Dickhäuter die Gelegenheit, sich dazu zu äußern, unter welchem Missverständnis der anderen Würmli sie am meisten leiden. „Das Schlimmste für uns ist, wenn die anderen denken, wir hätten keine Gefühle“, lautet die Klage, die ich immer wieder höre. „Wir haben Gefühle, wir freuen uns auch! Aber wir zeigen das halt nicht so überdeutlich wie die anderen Wurm-Typen. Man darf nicht von unserem Gefühlsausdruck auf die Intensität unserer Gefühle schließen.“

Ja, das darf man nicht. „Bingo“-Dickhäuter verfügen ebenfalls über Gefühle, sie denken einfach nur länger nach als andere Wurm-Typen. Wenn ein „bingo“-Dickhäuter die Welt jedoch ausschließlich mit dem Verstand betrachtet, dann kann er auf die anderen allerdings wirklich kalt wirken. Außerdem ist das große Problem von vielen solchen Würmli die mangelnde Spontaneität – in Situationen, in denen es wichtig wäre, einfach draufloszugehen und aktiv zu werden, zum Beispiel bei der Nachricht, dass in der Familie des Bruders ein Baby geboren wurde, spontan zu gratulieren, über die geschenkte fuchsiafarbene Secondhand-Kaschmirdecke Freude zu zeigen, aber auch mitzufühlen mit der besten Freundin, deren geliebter Kater überfahren wurde. Immer dann, wenn spontane Gefühlsäußerungen angebracht sind, tut sich ein „bingo“-Dickhäuter halt schwer. Nicht weniger schwer tut sich dieser Wurm-Typ oft mit Entscheidungen. Er überlegt sehr gründlich. Und je weitreichender die Entscheidung ist, desto mehr Komponenten wollen bedacht sein. Und das braucht seine Zeit.

Wer diese Probleme gar nicht hat, das ist der „bingo“-Dünnhäuter. Ihm widmen wir uns als Nächstes.

Der „bingo“-Dünnhäuter

Während das „bingo“-Dickhäuter-Würmli inmitten eines Blumenmeeres nur ein kleines Lächeln auf den Lippen zeigt, kann man beim „bingo“-Dünnhäuter schon bei einer einzigen Blume einen starken Ausdruck von positivem Affekt beobachten. Mit anderen Worten: Der „bingo“-Dünnhäuter kann sehr leicht positiven Affekt aktivieren. Ein kleines Freudeli sitzt unauffällig am Straßenrand. Wer es unter Garantie aufspürt wie ein Trüffelhund die Trüffel, das ist das „bingo“-Dünnhäuter-Würmli. Weil sie sich so leicht und so ausgiebig von Herzen freuen können, haben Menschen, die ein „bingo“-Dünnhäuter-Würmli besitzen, meistens gute Laune. Wenn sie sich irgendwo aufhalten, kann man ihr fröhliches Lachen vernehmen, ihr heiteres Naturell strahlt auf die anderen ab.

Weil sie sich so leicht von Herzen freuen können, haben „bingo"-Dünnhäuter meistens gute Laune.

Selbst einem Regentag im November können sie noch etwas Positives abgewinnen: „Wenn es draußen so richtig kalt und ungemütlich ist, dann macht doch ein Zimt-Orangen-Tee so richtig gute Laune. Mit Kuschelsocken an den Füßen natürlich noch viel mehr!" So strahlt ein „bingo"-Dünnhäuter-Würmli und schmiegt sich genüsslich auf dem Sofa neben die schnurrende Katze.

Die Tatsache, dass der positive Affekt so leicht hochgefahren werden kann, hat zur Folge, dass dieses Würmli sehr schnell handlungsbereit ist. Denn positiver Affekt stimuliert die intuitive Handlungssteuerung, jenes psychische Teilsystem, das für die konkrete Umsetzung von Absichten zuständig ist. Diese schnelle Handlungsbereitschaft hat den Vorteil, dass jedes Vorhaben ruckzuck erledigt wird. „Gesagt – getan!" – das ist die Devise eines „bingo"-Dünnhäuters. Man erkennt Menschen dieses Wurm-Typs auch daran, dass sie vor Energie zu sprühen scheinen. Sie gehen die Treppe nicht in Ruhe hinauf, sondern sie nehmen zwei Stufen auf einmal. Das Auto fährt mit quietschenden Reifen vom Hof, und der Hausschlüssel wird nicht sorgfältig an den dafür vorgesehenen Haken gehängt, sondern fliegt in irgendeine Ecke. Denn der „bingo"-Dünnhäuter hat schon die nächste Aktion im Auge und einfach keine Zeit für akribisches Schlüsselgefummel. Dass man den Schlüssel nachher wieder suchen muss, das ist dem Würmli in diesem Moment völlig egal.

Anhand der Schlüsselszene kann man sich auch schon eine konkrete Vorstellung davon machen, welche Schwäche dem „bingo"-Dünnhäuter-Würmli dann und wann dann doch den Alltag vermiesen kann: Es ist die Hochgeschwindigkeit, mit der dieses Würmli sich für neue Ideen begeistert. Zu schnell zu viel beginnen und nichts richtig zu Ende führen, so sieht das Leben eines extremen „bingo"-Dünnhäuters aus. Wenn ein „bingo"-Dünnhäuter eines

Tages wegen Burn-out in einer psychosomatischen Rehabilitationsklinik sitzt, dann deswegen. Dieses Würmli sagt einfach zu oft und zu schnell Ja, weil die Welt voll wahnsinnig interessanter Möglichkeiten steckt. Dieses Würmli kann unter einer ganz seltsamen Situation leiden: zu viel des Guten!

Ja, Sie haben richtig gelesen. Man kann auch zu viel des Guten haben. In so eine Situation würde ein „bingo"-Dickhäuter niemals im Leben geraten, aber dem Dünnhäuter geschieht das ganz oft. Er kann sich dann einfach nicht entscheiden: Jetzt lieber auf die Pilzwanderung gehen oder den Mountainbike-Parcours ausprobieren? Man könnte auch einfach mit der Liebsten im Bett liegen bleiben und sich dort vergnügen ... Aber der Alphornschnuppertag für Anfänger ist auch eine prima Idee. Außerdem hat er beim Frühstück in der Zeitung gelesen, dass in der Fußgängerzone an diesem Vormittag ein Dirigent spontanes Singen für alle anbietet. Das wäre doch auch eine feine Sache! Ja, so ein „bingo"-Dünnhäuter-Würmli hat seine Probleme, auch wenn andere Wurm-Typen darüber lächeln.

Wie „bingo"-Dünnhäuter und „bingo"-Dickhäuter miteinander auskommen

Wenn ein extremes „bingo"-Dünnhäuter-Würmli und ein ebenso ausgeprägtes „bingo"-Dickhäuter-Würmli miteinander liiert sind, dann können sich Konflikte ergeben, die sich um das Thema Spontaneität drehen. Merlin und Nicola haben sich einen Reiskocher zugelegt. Merlin hat eine Agentur für innovative App-Entwicklung und besitzt ein „bingo"-Dünnhäuter-Würmli, Nicola ist Leiterin einer heilpädagogischen Einrichtung. Ihr Würmli ist deutlich „bingo"-dickhäutig. Als Nicola am Abend nach Hause kommt, findet sie Merlin verzweifelt vor.

„Schau mal, ich habe den Reiskocher ausprobiert, ich wollte dich zum Abendessen überraschen. Das ist kompletter Mist, dieses Teil. Alles ist übergekocht, sieh' dir mal an, wie die Küchenplatte aussieht! Alles voller ekelhaftem Glibber, das ganze Ding ist total verschmiert. Ich habe null Bock, das jetzt zu putzen. Ein glatter Fehlkauf, echt!"

„Hast du denn vorher die Gebrauchsanweisung gelesen, bevor du den Reiskocher in Betrieb genommen hast?", fragt Nicola trocken. Sie kennt ihren Merlin und hat bereits einen Verdacht, wie er sich in die Reisglibber-Situation hineinmanövriert hat. Sie glaubt nicht, dass der Fehler beim Gerät liegt.

„Was für eine Gebrauchsanweisung?", fragt Merlin.

„Na, da lag doch sicher eine Gebrauchsanweisung im Karton. Zusammen mit der Garantie und der Rechnung. Wo sind denn die Unterlagen?"

„Keine Ahnung, mit dem Karton habe ich mich nicht befasst. Der liegt draußen im Flur."

„Ach so." Nicola begibt sich in den Flur und untersucht in Ruhe den Karton. Abgesehen davon, dass man die Rechnung und die Garantie schlauerweise aufbewahrt, ergibt es in ihren Augen auch durchaus Sinn, vor Inbetriebnahme eines elektrischen Geräts zunächst einmal die Gebrauchsanweisung gründlich zu studieren.

Sie setzt ihre Lesebrille auf und widmet sich in aller Ruhe der beiliegenden Broschüre.

„Aha, hier haben wir's!", ruft sie nach einer Weile. „Hier findest du eine Tabelle, wo nach Reis-Sorten unterschieden wird und die jeweils benötigte Wassermenge genau angegeben ist. Da muss irgendwo noch ein Messbecher im Karton gewesen sein. Hast du den in der Hand gehabt?"

„Ach, dieses komische Plastikding, das hab ich zum Katzenfutter gestellt. Keine Ahnung, wozu das gut sein soll."

„Eben dazu, überkochenden Reis zu vermeiden. Wie hast du denn die korrekte Wassermenge abgemessen, ohne Messbecher und Tabelle?"

„So ein Quatsch, Messbecher, das hat man doch im Gefühl, wie viel Wasser da dran muss!"

„Naja, den Erfolg deines Gefühls sieht man ja hier auf der Küchenplatte, an dieser Schweinerei, die du angerichtet hast. Meine Güte, wann wirst du endlich mal schlau! Gebrauchsanweisungen sind dazu da, dass man sie durchliest. Ich glaube, das lernst du nie! Ich sag' dir eins: Ich mache das sicher nicht sauber, das putzt du mal schön alleine weg!"

„Hör mir bloß auf mit deinem pädagogischen Tonfall! Ich bin keiner von deinen Heimzöglingen, deine Belehrungen kannst du dir sparen!"

„Herrgott, das sind keine Belehrungen, das ist Realität! Erinnere dich mal an die neue Motorsense, in die du Benzin statt der Mischung gegossen hast! Weil der Herr es für überflüssig hielt, sich vorher zu informieren!"

Wenn beide Würmli jetzt nicht ganz schnell sehr vorsichtig werden, ist der Feierabend im Eimer. In Beziehungen, die schon über Jahre andauern, können derartige Situationen, die immer wiederkehren, für beide zum roten Tuch werden. Dann kann die Kommunikation in Windeseile direkt in den Ehekrach führen. Wieso ist Merlin nicht in der Lage, seinen Tatendrang zu drosseln und damit aufzuhören, ins Blaue hinein aktiv zu werden? Ist er seinem Würmli dermaßen ausgeliefert? Kann ein Würmli denn nicht etwas Neues lernen? Diese Fragen führen uns zum Thema Wurm-Schule. Davon handelt das nächste Kapitel.

Die Wurm-Schule

Grundsätzlich gilt: Jedes Würmli kann lernen. Niemand ist seinem Ursprungswurm ausgeliefert. Wenn man den Eindruck hat, dass der eigene Wurm in gewissen Situationen mehr schadet als nützt, kann man beschließen, den Wurm in die Wurm-Schule zu schicken. Julius Kuhl unterscheidet hier in wissenschaftlicher Begrifflichkeit zwischen Erstreaktion und Zweitreaktion. Die Erstreaktion des Würmlis ist individuell und ohne eigenes Zutun entstanden: durch Genetik, pränatale Erlebnisse, die Geburtsumstände und die frühe Kindheit. Niemand kann etwas dafür, mit welchen Anlagen und Lernerfahrungen sich sein Würmli entwickelt hat, denn zu diesem frühen Zeitpunkt konnte der Wurm-Besitzer oder die Wurm-Besitzerin noch keinen Einfluss auf das Würmli nehmen. Man hat also seine Wurm-Typen geerbt, wie man seinen Körperbau geerbt hat, mit seiner spezifischen Nasenform oder Haarfarbe.

Die Bedürfnisse des Wurms sind individuell und ohne eigenes Zutun entstanden.

- Genetik
- Geburtsumstände
- Frühe Kindheit

Erstreaktion Wurmbestand

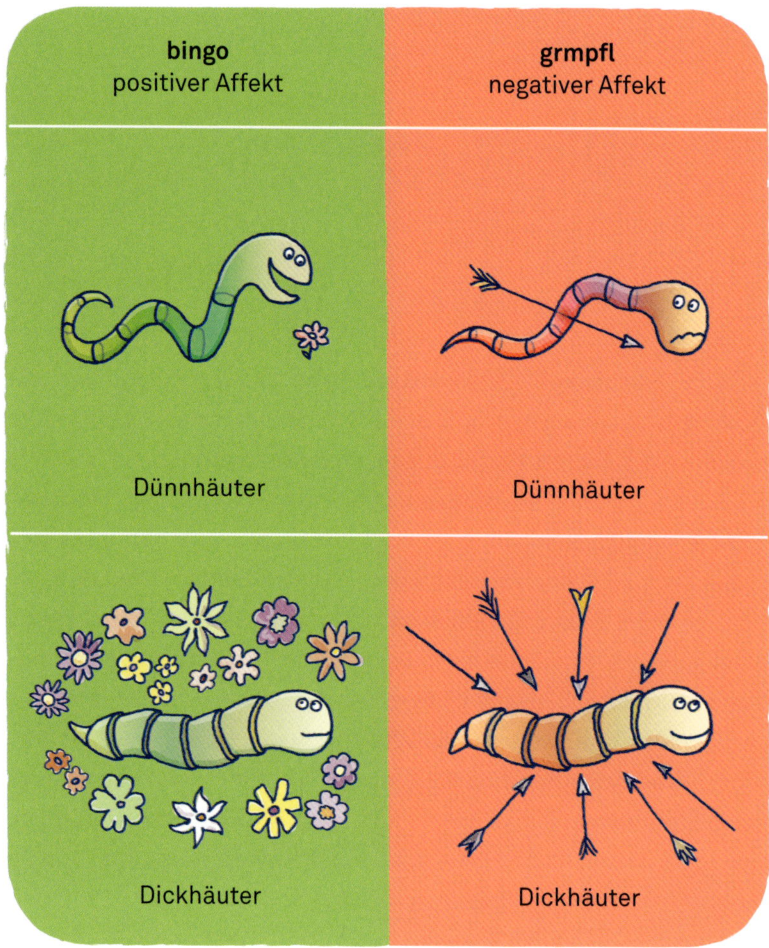

Diese erworbenen Wurm-Eigenschaften nennt Julius Kuhl die Erstreaktion. Jedes Würmli hat Eigenheiten bezüglich der Empfänglichkeit für negativen und für positiven Affekt. Es lassen sich vier Wurm-Typen unterscheiden. Jeder Mensch kann durch zwei Wurm-Typen charakterisiert werden: bezüglich „bingo"-Häutigkeit und bezüglich „grmpfl"-Häutigkeit.

Es ergeben sich also vier Varianten von Wurm-Bestand, die man besitzen kann:

- „bingo"-Dünnhäuter plus „grmpfl"-Dünnhäuter
- „bingo"-Dünnhäuter plus „grmpfl"-Dickhäuter
- „bingo"-Dickhäuter plus „grmpfl"-Dünnhäuter
- „bingo"-Dickhäuter plus „grmpfl"-Dickhäuter

Doppeldünnhäuter sind sehr emotionale Menschen, Doppeldickhäuter wirken nach außen oftmals zurückgenommen, fast undurchsichtig. „Bingo"-dünn und „grmpfl"-dick – das sind Menschen mit grundsätzlich heiterem Naturell, „bingo"-dick und „grmpfl"-dünn hingegen neigen zum Grübeln. Manchmal sind Menschen bezüglich „grmpfl" oder „bingo" auch nicht ausgeprägt dickhäutig oder dünnhäutig, sondern befinden sich in einem mittleren Normalbereich. Man wird charakterisiert durch die Affektskala, bei der die Aktivierungsfähigkeit des entsprechenden Affektes ausgeprägt stark oder schwach ist. Für alle, die sich in diese Thematik intensiver einarbeiten möchten – das lohnt sich, man kann viel über sich und andere lernen! –, ist vielleicht noch der Hinweis interessant, dass die Dick- und Dünnhäutigkeit bei verschiedenen Themenbereichen unterschiedlich ausgeprägt sein kann.

Man kann zum Beispiel in der Familie, im Umgang mit den Kindern ein ausgeprägtes „bingo"-Dünnhäuter-Würmli besitzen und jeden Quatsch spontan mitmachen, während man im Job ganz klar zur „bingo"-Dickhäutigkeit neigt und sich jede Entscheidung supergründlich überlegt. Einige Menschen können Misserfolge im Beruf locker wegstecken – „grmpfl"-Dickhäuter –, sind aber im Liebesleben superempfindlich und hören das Gras wachsen – „grmpfl"-Dünnhäuter.

Auf der Internetseite www.ismz.ch findet man diesbezüglich kostenlose Tests zum Download. Wer sich selbst nicht sicher über seine Wurm-Typen ist, kann auch einfach den geliebten Menschen fragen, mit dem er Tisch und Bett teilt. Meistens kann dieser perfekt Auskunft geben!

Aber zurück zum Thema Wurm-Schule. Von der Erstreaktion her bringt man also einen Wurm-Bestand mit, an dessen Entstehung man keinen Anteil hatte. Jede und jeder hat durch den ursprünglichen Wurm-Bestand und durch die damit verbundene Funktionsweise der psychischen Teilsysteme bestimmte Kompetenzen besonders gut entwickelt, während andere Kompetenzen entwicklungsfähig sind. Es bietet sich darum durchaus an, den Wurm in die Wurm-Schule zu schicken und ihn dort das lernen zu lassen, was Julius Kuhl die Zweitreaktion nennt. Was soll der Wurm lernen? Die Grundregel für gelungenes Selbstmanagement lautet: Man sollte genau das lernen, was der Wurm von Haus aus nicht kann. Idealerweise hat man alle vier Teilsysteme zur Verfügung, um die Anforderungen des Alltags zu meistern, denn jedes Teilsystem hilft bei einem bestimmten Situationstyp.

Gelungenes Selbstmanagement: Zweitreaktion

Der rechte Wurm zur rechten Zeit

Neue Aufgabe anpacken, Pläne ausführen

Ideal: „bingo“-Dünnhäuter

Wenn es darum geht, sich euphorisieren zu lassen, Begeisterung zu entwickeln und Energie zu bekommen, um Pläne in die Tat umzusetzen, ist das „bingo“-Dünnhäuter-Würmli ideal.

Wer in einer Situation steckt, bei der das Würmli viel Druck von außen verdauen muss, der sollte seinem Würmli als Zweitreaktion so schnell wie möglich eine dicke Haut wachsen lassen – gegen „grmpfl“ aller Art. Das kann lebensrettend sein.

Präzise planen und analysieren
Ideal: „bingo"-Dickhäuter

Wer ein Würmli besitzt, mit dem oft die Gäule durchgehen, wer sich immer wieder in Situationen hineinmanövriert, in denen alle sagen: „Mensch, denk doch einfach mal nach, bevor du anfängst, aktiv zu werden", der tut gut daran, dem Würmli beizubringen, dass man auch eine dicke Haut gegen „bingo" entwickeln kann. Das wird dem Würmli vielleicht keinen großen Spaß machen, denn es muss sich dabei dauernd selbst bremsen, aber es erspart sich damit viel Ärger!

Fehlersuche
Ideal: „grmpfl"-Dünnhäuter

Und dann gibt es natürlich noch die „grmpfl"-Dünnhäutigkeit, mit der man Misserfolge und Fehler gründlich betrachtet, um daraus für das nächste Mal zu lernen. Würmli, die zu diesem Zweck in die Wurm-Schule geschickt werden, tun sich oft echt schwer mit dieser Aufgabe. Sie müssen ja etwas lernen, das zunächst überhaupt keinen Spaß macht. Aber ohne die Fähigkeit, Alarmsignale rechtzeitig wahrzunehmen, ist ein Mensch dazu verdammt, immer wieder dieselben Fehler zu machen. Ein Freund von mir ist Scheidungsanwalt. Er hat mir erzählt, dass bei ihm oft ein bestimmter Typ Mann auftaucht,

Man sollte genau das lernen, was der Wurm von Haus aus nicht kann.

der mit großem Erstaunen davon erzählt, dass die Frau die Scheidung eingereicht hat und er sich nun ebenfalls einen Anwalt suchen muss. Auf die Frage meines Anwalt-Freundes, ob das wirklich so überraschend gekommen sei und ob es nicht etwa Gründe für die Trennnungsabsichten seiner Frau gäbe, antwortet dieser Männertyp sinngemäß folgendermaßen: „Ich habe wirklich keine Ahnung, warum sie sich trennen möchte. Unsere Ehe ist in Ordnung, schon viele Jahre lang, ich habe nie etwas Auffälliges bemerkt!“

Wenn diese Antwort zu hören ist, so mein Freund, kann man immer davon ausgehen, dass die Frau eine völlig andere Version berichtet: „Ich drohe ihm schon seit Jahren, dass unsere Ehe auf den Schiffbruch zusteuert, wenn er sich nicht ändert. Aber ich beiße auf Granit, er nimmt mich einfach nicht ernst. Und als jetzt dieser Vorfall eingetreten ist, war das der Tropfen, der das Fass zum Überlaufen gebracht hat. Jetzt reicht es mir. Schluss, Ende, aus, ich trenne mich.“

In diesen Fällen, so mein Freund, könne man sich nach seiner Erfahrung Mediationsgespräche sparen, weil die Frau eine lange Leidensgeschichte hinter sich habe und ihr Entschluss meistens endgültig sei. Der Mann ist in diesen Fällen stolzer Besitzer eines „grmpfl“-Dickhäuter-Würmli und hat die wachsende Unzufriedenheit seiner Frau schlicht und einfach übersehen. Ein wenig mehr Dünnhäutigkeit wird ihm bei der nächsten Beziehung helfen, rechtzeitig gegenzusteuern.

Als Faustregel gilt: Dickhäuter-Würmli sollten lernen, rechtzeitig oder schnell genug ihr dickes Fell abzulegen. Es geht nicht darum, die Dickhäutigkeit komplett zu verlernen, sondern lediglich darum, sie vorübergehend abzulegen. Und zwar so lange, bis die Situation, die den „Striptease“ erfordert, erfolgreich bewältigt wurde.

Wurm-Training für Dickhäuter
Rechtzeitig beziehungsweise schnell genug dickes Fell ablegen

Dann darf das Würmli sofort wieder in die dicke Haut schlüpfen, versprochen!

Dünnhäuter-Würmli sollten darin trainiert werden, blitzschnell in den Wurm-Schutzanzug zu springen! Genauso wie Feuerwehrleute üben, in Windeseile in ihre Feuerwehrausrüstung zu schlüpfen, so kann das Würmli lernen, ruckzuck zufrieden im Wurm-Schutzanzug zu sitzen und die Welt aus sicherer Distanz zu betrachten. Hier spielt die Geschwindigkeit eine große Rolle! Wenn ein „grmpfl"-Dünnhäuter-Wurm nicht superschnell ist, dann hat ihn der feindliche Pfeil

Wurm-Training für Dünnhäuter
Rechtzeitig beziehungsweise schnell genug Schutzkleidung anlegen

schon erwischt, und die Wunde ist tief. Wenn ein „bingo"-Dünnhäuter nicht blitzrasch im Schutzanzug steckt, hat das Würmli schon wieder „Ja!" zu einem Vorhaben gerufen, und der Wurm-Besitzer oder die Wurm-Besitzerin muss den Schlamassel wieder ausbaden.

Für beide Lernaufgaben – Striptease und Wurm-Schutz – gilt: Beginnen Sie die Wurm-Schule mit einfachen, risikoarmen Situationen. Steigern Sie allmählich den Schwierigkeitsgrad, wenn Sie merken, dass Ihr Würmli allmählich immer besser darin wird, die Haut zu wechseln.

Welchen Wurm-Typ soll ich heiraten?

Da nun Informationen darüber vorliegen, wie Würmli ticken und was für verschiedene Eigenschaften sie haben, können wir uns der brisanten Thematik zuwenden, an welchen Wurm-Typ man sich langfristig binden sollte. Wie finde ich heraus, ob ich Mr. Right gefischt habe? Soll ich mich jetzt tatsächlich mit Pauline zum Standesamt begeben? Wer sagt mir die Zukunft voraus? Ob Sie es glauben oder nicht: Ich kenne nicht wenige Personen, die vor dieser Entscheidung die Hilfe einer Wahrsagerin gesucht haben, die in den Sternen liest und Tarotkarten legt. Gibt es denn Möglichkeiten aus der Sicht des Würmlis, die dazu beitragen können, dass ich meine Entscheidung auf eine gute Basis stelle?

Diese Beiträge aus Wurm-Sicht gibt es, und ich möchte mich in diesem Kapitel ihrer Darstellung widmen.

Unseren ersten Mastino Napoletano names Gustl haben mein Mann und ich als Welpen bekommen. Ein Mastino gehört zum Typ Riesenrasse. Ein ausgewachsener Rüde kann 80 Kilo wiegen. In einigen Bundesländern gilt ein Mastino als Kampfhund – was übrigens völliger Blödsinn ist, weil Mastini vom Gemüt her seelenruhige Tiere sind. Aber trotzdem dachten mein Mann und ich, dass es vielleicht eine gute Idee sei, einen Welpen, der eines Tages so groß sein wird, dass er seinen Kopf mühelos auf den Tisch neben unsere Essteller legen kann, und der dich mit einem Satz umwerfen kann,

Jeder Mann hat einen Haken, und jede Frau hat einen Haken.

wenn er voll Wiedersehensfreude an dir hochspringt, dass wir also solch einen Welpen gründlich und gut erziehen sollten, und zwar von Anfang an. Also meldeten wir uns in der Hundeschule an. Und abgesehen von den vielen nützlichen Tipps und Methoden, die wir dort für den Umgang mit Hunden lernten, fand ich in der Hundeschule seltsamerweise auch ein erstaunliches Schatzkästlein voller Ideen für den Umgang mit Eheleuten und für die Kindererziehung. Eine dieser Ideen möchte ich an dieser Stelle ausführen.

„Jeder Hund hat einen Haken!", lautete der Satz, mit dem die Hundetrainerin die erste Trainingseinheit eröffnete. „Diesen Haken wird er nie verlieren, das ist Teil seiner Rasse oder seiner Persönlichkeit. Und mit diesem Haken werden Sie lernen müssen, angemessen umzugehen. Der Rest ist dann eigentlich einfach."

Oha! Da hat diese Hundetrainerin eine Einsicht vermittelt, die man gar nicht hoch genug würdigen kann – sowohl, was den Hund als auch die Beziehung angeht. Jeder Mann hat einen Haken, und jede Frau hat einen Haken. Stimmt das überhaupt? Habe ich einen Haken? Natürlich habe ich einen Haken, das ist normal, denn ich bin

Es gibt einerseits Haken,
die sind eher objektiver Natur.

ja ein menschliches Wesen und keine übernatürliche Erscheinung. Was als Haken erlebt wird, das kann sich interessanterweise auf zweierlei Wegen herauskristallisieren. Es gibt einerseits Haken, die sind eher objektiver Natur, das wären Haken, bei denen sich viele Menschen darüber einig sind, dass eine Person in diesem Punkt wirklich nicht einfach ist.

„Die Birgitta sagt einfach nie rechtzeitig, was sie möchte. Und dann kriegt sie zu einem Zeitpunkt, den niemand erwartet, einen kompletten Nervenzusammenbruch. Das ist wirklich anstrengend mit dieser Frau, ein ständiger Eiertanz."

„Also, ich würde das auch nicht ertragen, was der Lukas sich da jedes Wochenende mit seinen Kumpels vom Tuning-Club für Wettrennen mit der Polizei liefert. Der verballert ja euer ganzes Haushaltsgeld für seine Strafzettel. Kommt der denn nie zur Vernunft?"

„So vergammelt, wie der Rudi in letzter Zeit rumläuft, hätte ich auch keine Lust mehr auf Sex mit dem. Dieser stachelige Bart und die ungeputzten Zähne – igitt. Und er mieft einfach. Man müsste ihm mal sagen, dass er ein Deo benutzen soll. Aber wer sagt ihm das? Ich möchte gar nicht wissen, wie das riecht, wenn er die Schuhe auszieht…"

„Die Aline übertreibt es wirklich mit ihrem Sauberkeitsfimmel. Das ist ja schon krankhaft, wie sie sofort jedem Krümel hinterherwischt. Wenn man bei ihr eingeladen ist, kommt kein Fünkchen Gemütlichkeit auf, weil sie dich beobachtet wie ein Polizeihund. Man fühlt sich total gehemmt."

Diese Beispiele beschreiben Haken, bei denen viele Menschen darin übereinstimmen, dass die jeweilige Besonderheit weit über das normale Maß eines Durchschnittsmenschen hinaus ausgeprägt ist. Darum macht es Sinn, hier von objektiven Haken zu sprechen.

„Objektive" Haken

wöchentliche Wettrennen mit der Polizei

stets drohender Nervenzusammenbruch

mangelnde Körperhygiene

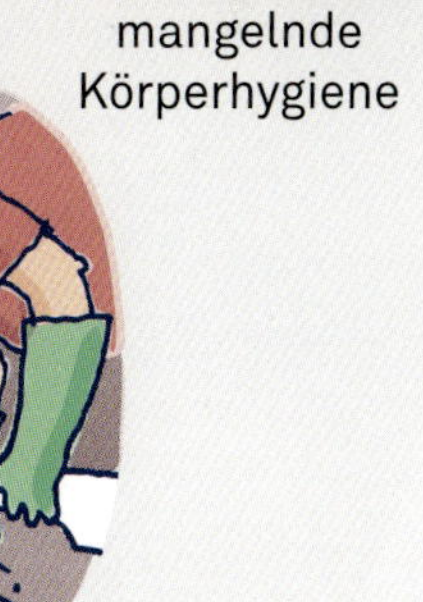

Sauberkeitsfimmel

Dann gibt es andererseits auch Haken, die erst durch die Beziehung selbst entstehen. Für sich alleine genommen sind sie keine Haken. Zum Haken werden sie erst, weil sich ein anderes Würmli daran stört.

Felicitas ist eine junge Frau, die von sich selber sagt, dass es für sie nicht in Frage kommt, einem einzigen Mann treu zu sein. Sie hat eine rote Lockenmähne und hat eine starke erotische Ausstrahlung. Sie liebt das Flirten und flirtet bei jeder sich bietenden Gelegenheit, egal ob Frau oder Mann. „Vielleicht bin ich ja nymphoman“, lacht sie selbstbewusst. „Aber ich kann und will daran nichts ändern!“ Sie hatte vor einigen Monaten eine schwere Zeit, weil ihr Partner

> Dann gibt es andererseits auch Haken, die erst durch die Beziehung selbst entstehen.

eine Familie gründen wollte. „Mit heiraten, Kinder kriegen, Haus bauen und allem, was das Bürgertum so an Vorstellungen bereithält. Das ist mit mir nicht zu machen! In so eine Welt passe ich einfach nicht hinein. Wir hatten oft und lautstark Krach, einmal standen wir sogar kurz vor einer Schlägerei. Aber nun ist die Sache ausgestanden. Wir trennen uns. Und ich werde beim nächsten Mann sicher erst einmal akribisch explorieren, was der für Zukunftsvorstellungen hat. So ein Drama will ich kein zweites Mal erleben."

Das Beispiel von Felicitas mag ich deswegen sehr, weil der Haken ihres Mannes (genauer gesagt, ihres Ex-Mannes) nur durch die Beziehung zu ihr zum Haken wurde. Der Mann wollte Heirat, Kind und Haus. Viele Frauen würden ihn als ausgesprochenes Prachtexemplar bezeichnen und ihn mit Handkuss nehmen! Aber für Felicitas, für ihre Persönlichkeit und ihre Vorstellung von einem gelungenen Leben war genau die Eigenschaft, die für eine andere Frau den Hauptgewinn im großen Männerlotto darstellt, der entscheidende Haken, warum sie sich trennen musste.

Nachdem wir nun eine Vorstellung davon haben, dass es zwei Arten von Haken gibt, können wir uns überlegen, wie man in einer Beziehung mit diesen Haken umgeht. „Na ja, der Horst, der hängt nach Feierabend immer noch im Vereinsheim mit den Kumpels rum. Aber das gewöhne ich ihm noch ab!" In triumphierendem Tonfall posaunt Katharina ihre Erziehungsabsicht beim Mädelsabend in die Runde. Seltsamerweise höre ich diese Art Aussage eindeutig öfter von Frauen als von Männern. Ich habe keine Ahnung, warum. „Das lernt der Michael schon noch, wie man die Socken in der Schublade richtig ordnet." „Also, mein Philip, der hat das ganz schnell begriffen, dass ich tierisch sauer werde, wenn er unrasiert zum Frühstück erscheint. Das kann ich überhaupt nicht ertragen."

Ein Würmli, das gegen seinen Willen in die Wurm-Schule gezwungen wird, gibt keinen glücklichen Partner ab.

Oft sind es die Frauen, die bei ihrem Mann den Haken klar im Visier haben und die ihre Beziehung mit der festen Absicht führen, den Wurm des Mannes in die Wurm-Schule zu schicken. Wie sinnvoll ist dieses Vorhaben? Ich rate davon dringend ab. Natürlich kann ein Wurm in die Wurm-Schule gehen, und jeder Mensch kann bezüglich bestimmter Eigenarten lernen, sich zu zügeln oder alternative Handlungsweisen zusätzlich ins Repertoire aufzunehmen. Wer zum Jähzorn neigt, kann üben, die Wut im Zaum zu halten. Wer zu zaghaft und zu zögerlich ist, kann ausprobieren, wie man spontaner und risikofreudiger werden kann. Ein Würmli, das immer alles in sich hineinfrisst und dazu neigt, um des lieben Friedens willen die eigenen Bedürfnisse viel zu lange hintanzustellen, kann damit anfangen, den anderen die eigene Befindlichkeit zuzumuten.

Genauso kann auch ein unordentlicher Mensch ein gewisses Maß an Ordnung lernen, ein schlampiger Junggesellenhaushalt kann eine andere Vorstellung von Sauberkeit integrieren. Ein Plappermaul-Würmli kann einsehen, dass es auch Phasen der Stille geben muss, genauso wie ein wortkarger Schweigerling sich dazu aufraffen kann, ein wenig Konversation zu pflegen.

Die Wurm-Schule kann großartige Ergebnisse zeitigen. Wir alle haben schon Menschen erlebt, von denen wir mit Erstaunen und Anerkennung sagen: „Mensch, hat der sich positiv verändert, seit er mit der Sophie befreundet ist! Er ist viel ausgeglichener“ oder „Sie ist gar nicht wiederzuerkennen, seit sie den neuen Job mit Führungsverantwortung hat. Sie ist richtig aufgeblüht!“ Wenn wir solch schöne Ergebnisse bei anderen Menschen beobachten können, dann können wir sicher sein, dass die Wurm-Schule ein ganz wesentliches Charakteristikum aufweist: Das Würmli ist *freiwillig* dorthin gegangen.

Ein Würmli jedoch, das gegen seinen Willen mit Erpressung, Angst und Druck in die Wurm-Schule gezwungen wird, gibt keinen glücklichen Partner für eine Beziehung ab, niemals! Wenn ein Würmli ein anderes Würmli liebt, dann ergibt sich in vielen Fällen die Wurm-Schule ganz von selbst, weil ein Würmli normalerweise möchte, dass es dem anderen Würmli gut geht. In ganz vielen Themenbereichen können Würmer sich völlig ohne Probleme aufeinander einstellen. „Hilde hat Laktoseintoleranz, darum essen wir möglichst wenig Milchprodukte", erklärt Robert. Sein Würmli stellt sich auf Hilde ein und hat überhaupt kein Problem damit, sich mit Mandelmilch, Sojaquark oder Dinkeldrink zu begnügen. „Hartmut ist Friseur, und darum ist halt der Samstag ein Hauptarbeitstag. Das läuft bei uns nicht so wie bei anderen Paaren. Samstagabend ist er platt und will nichts mehr reden, da hat er keinen Sinn für Geselligkeit." Conny kann sich auf die Bedürfnisse ihres Partners einstellen, und ihrem Würmli geht es dabei gut. Sie macht das freiwillig und aus Liebe.

Dann gibt es aber auch Bereiche, in denen die freiwillige Wurm-Schule nicht ohne Weiteres gelingen mag. „Das Motorradfahren ist meine Leidenschaft. Meine Freundin findet das abscheulich. Sie meint, Motorradfahrer seien Organspender auf Rädern. Dabei fahre ich völlig defensiv. Es sind ja nicht alle Motorradfahrer durchgeknallte Raser. Sie ist nicht zu bewegen, mal mit mir eine Tour zu machen.

Es gibt aber auch Bereiche, in denen die freiwillige Wurm-Schule nicht ohne Weiteres gelingen mag.

Jedes Mal, wenn ich eine Ausfahrt mache, habe ich vorher und nachher schlechte Laune in der Bude.“ Willi ist verzweifelt. Sein Würmli hängt am Motorradfahren. Dieser Teil seiner Freizeitgestaltung steht auf gar keinen Fall für die Wurm-Schule zur Verfügung. Er will das Motorradfahren nicht aufgeben, das wäre für ihn eine so eklatante Einbuße an Lebensqualität, dass er mit einem permanenten Groll leben würde.

„Ich bin mit Haut und Haaren ein Tanztyp“, erklärt Isabella mit leuchtenden Augen und zeigt dabei mit gekonntem Hüftschwung ein paar Salsaschritte. „Ich habe den Udo auf einer Online-Plattform kennengelernt. Er wäre in vielen Punkten ein guter Partner für mich, die Übereinstimmung ist schon da. Aber einen Mann, der nicht mit mir tanzen geht, den kann ich nicht gebrauchen. Udo sagt, er habe zwei linke Beine und schäme sich auf der Tanzfläche. Er sei kein Vorstadt-Papagallo. Das ist eine Einstellung zum Tanzen, die ich überhaupt nicht nachvollziehen kann. Ich will mich in diesem Punkt auch nicht ändern und mich nicht auf den Partner einstellen. Wenn ich eine Beziehung habe, dann will ich mit meinem geliebten Schatz tanzen gehen und nicht mit einem Tanzpartner aus der Tanzschule. Darum wird das mit Udo und mir wohl nix werden. Ist schade, aber hat auf Dauer keinen Zweck.“

Die beiden Haken, über die Isabella und Willi sprechen, sind für die Würmli der beiden so wichtig, dass das Würmli sich diesbezüglich absolut sträubt, in die Wurm-Schule zu gehen. Ein Leben ohne Motorradfahren und ein Leben ohne Tanzen mit dem Schatz, das ist für das Würmli nicht diskutierbar. Ich rate in diesen Fällen dringend davon ab, zu versuchen, sich den anderen Menschen entsprechend zurechtzubiegen. Ebenso dringend rate ich davon ab, sich selbst und den eigenen Wurm zurechtzubiegen. Ich behaupte, dass

> Es ist dringend davon abzuraten, zu versuchen, sich den anderen Menschen zurechtzubiegen.

eine Beziehung, in der ein Würmli in einem relevanten Lebensbereich dauergewürgt wird, auf Dauer nicht glücklich werden kann. Ein Würmli kann ein gewisses Maß an Abweichung von seinen Vorlieben und von seinen natürlich Bedürfnissen ohne Weiteres tolerieren. Ein Würmli kann auch bis zu einem gewissen Grad umlernen oder sich auch ganz neue Verhaltensweisen aneignen. Aber diese Flexibilität hat ihre Grenzen. Endlos ist sie nicht. Ein Würmli fühlt sich naturgemäß dort daheim, wo es im Großen und Ganzen so geliebt wird, wie es von Natur aus angelegt ist. Und wenn man sich überlegt, ob man mit einem bestimmten Wurm-Typ langfristige Bindungen eingehen soll, dann ist es sinnvoll, auch über die Sicht des Wurms nachzudenken und darüber, wie viel Würgung mit dieser Frau oder mit diesem Mann wohl nötig sein wird.

Das ist eine lustige Perspektive, nicht wahr? Mein Wurm-Tipp: Betrachten Sie Ihre große Liebe mal unter dem Haken-Aspekt und nicht unter dem Liebes-Aspekt. Möglicherweise mutet dieser Vorschlag ein wenig seltsam an. Zugegeben, auf Anhieb wirkt er nicht gerade optimistisch. Aber meine Erfahrung ist, dass die größte Gefahr für langjährige Beziehungen in einem Übermaß an Wurm-Würgung liegt. Oft unterschätzen die Leute einfach am Beginn der Beziehung, wenn alle noch auf Wolke sieben schweben, wie sie auf Dauer mit den Haken der anderen Person umgehen können. Und sie täuschen sich gewaltig darin, wie viel schlechte Laune ein dauergewürgter Wurm verbreiten kann, sowohl beim Besitzer und der Besitzerin selbst als auch beim Gegenüber. Gerade, wenn der Wurm-Himmel voll rosaroter Geigen hängt, sollte man sich gründlich über die Haken Gedanken machen, bevor man ans Kinderkriegen denkt.

Ich habe lange ausprobiert, wie man für die Thematik mit dem Haken ein Vorgehen entwickeln kann, das es erlaubt, sich diesem nicht einfachen Feld in einer Beziehung halbwegs systematisch zu nähern. Das Ergebnis meiner Überlegungen darf ich Ihnen jetzt vorstellen: Es sind die Wurm-Taler.

Sie verfügen über zwei Sorten von Währung, wenn Sie über die Haken nachdenken wollen. Sie können „bingo"-Taler vergeben und „grmpfl"-Taler. Was bedeuten diese Taler? Sie symbolisieren die Wichtigkeit, die ein Bereich für Sie hat. In zwei Bereichen können Haken auftreten, wenn man die Welt aus den Augen des Würmlis sieht, im „bingo"-Bereich und im „grmpfl"-Bereich. Wir beginnen mit dem „bingo"-Bereich: Es kann sein, dass in einer Beziehung ein superwichtiges „bingo" nicht stattfinden kann, also irgendetwas, das dem Würmli großen Spaß macht und das dem Leben die richtige Würze und Genuss gibt. Oben haben wir zwei solche „bingo"-Fälle kennengelernt: das Motorradfahren von Willi und das Tanzen von Isabella.

Stellen Sie sich vor, Sie haben zehn Wurm-Taler zu vergeben. Fertigen Sie eine „bingo"-Liste an, die Ihr Würmli braucht, um glücklich zu sein. Gehen Sie dabei absolut egoistisch vor, Sie kümmern sich jetzt nur um Ihr eigenes Würmli. Wenn Sie sich nicht sicher sind, welche „bingo"-Dinge für Sie wichtig sein könnten (bei manchen dauergewürgten Würmli ist das irgendwann der Fall), dann sprechen Sie mit einer guten Freundin, Ihrem Lieblingskollegen oder der Tante. Was Sie benötigen, sind die wirklich, wirklich wichtigen „bingo"-Dinge. Meistens sind das nicht besonders viele. Ich würde sagen, bei fünfmal „bingo" können Sie ihre Liste schließen. Und jetzt vergeben Sie Ihre Wurm-Taler danach, wie wertvoll dieses jeweilige „bingo" für Sie ist. Nein, Sie können nicht mehr

Die „bingo“-Dinge, die zur Not dran glauben können, die gibt Ihr Würmli freiwillig her, wenn die Liebe groß genug ist.

Wurm-Taler bekommen, Ihr Budget ist begrenzt. Nein, es gibt keine Ausnahme. Sie müssen die zehn Wurm-Taler verteilen, dabei bleibt es. Durch diese Taler-Verknappung können Sie spüren, welches „bingo“ Ihnen wichtig ist und welches „bingo“ zur Not dran glauben kann. Die „bingo“-Dinge, die zur Not dran glauben können, die gibt Ihr Würmli freiwillig her, wenn die Liebe groß genug ist, und es wird deswegen nicht krank und nicht grantig. Unpässlich und griesgrämig wird es jedoch unter Garantie bei den wertvollen „bingo“-Dingen, die dürfen Sie niemals antasten, die stehen unter Wurm-Schutz!

Für Ihre Liste können Sie die einzelnen Elemente einfach der Reihe nach auf ein Blatt Papier schreiben. Für die Bewertung der Wichtigkeit jedoch gehen Sie bitte in Handarbeit vor. Sie benutzen dazu die Wurm-Taler, die diesem Buch beigelgt sind.

Die legen Sie neben die einzelnen Punkte Ihrer Liste. Und Sie achten dabei bitte auf die körperlichen Rückmeldungen, die das Würmli gibt, wenn Sie einen Wurm-Taler irgendwo abziehen oder wenn Sie einen Wurm-Taler irgendwo dazugeben. Über die Wahrnehmung Ihrer somatischen Marker bei der Verteilung der Wurm-Taler ergibt sich eine unmittelbare Möglichkeit, die Wichtigkeit der einzelnen Elemente Ihrer Liste zu spüren. Was Sie erhalten wollen, ist ja die Wurm-Bewertung und nicht das Ergebnis der Verstandesarbeit. Oftmals sind die Wurm-Bewertungen so gelagert, dass man sie nicht unbedingt anderen Personen mitteilen kann und will. Unter Umständen hat man auch selbst ein wenig daran zu kauen und muss sich zuerst einmal mit dem eigenen Selbstbild auseinandersetzen, wenn man die Wurm-Taler-Bewertung abgeschlossen hat. Aber – so beruhige ich die Menschen immer, die mit leichter Schamesröte die Ergebnisse mit mir besprechen – die Bewertung besteht ja auf jeden Fall, ob man sie sich jetzt eingesteht oder nicht. Und wenn sie schon besteht, dann hat man auf jeden Fall mehr davon, wenn man sie sich klarmacht und notfalls das Selbstbild korrigiert. Durch Verdrängen und Verleugnen verschwinden die Vorlieben des Wurms nämlich nicht! Sie führen nur zur Verbitterung wegen chronischer Wurm-Würgung.

Schauen wir uns mal die Liste von Rosi an, die ihre zehn Wurm-Taler sorgfältig verteilt hat. „Ich komme vom Land, bin in einem Dorf aufgewachsen und habe eigentlich von mir selbst immer geglaubt, die Liebe zum ländlichen Leben und zum Kochen nach Hausmacherart seien zwei der wichtigsten Kriterien, die erfüllt sein müssen, wenn ich mit einem Mann auf Dauer glücklich sein soll. Jetzt schauen Sie mal, was die Wurm-Taler sagen. Meine Güte, ich hoffe, Sie denken jetzt nichts Falsches von mir!"

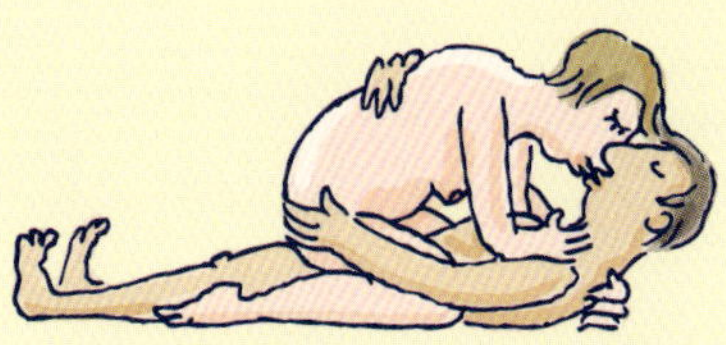

ausgefülltes Sexleben

geistige Anregung

genug Zeit für mich alleine

Liebe zum ländlichen Leben

Liebe zum Kochen

Rosis Wurm-Taler-Liste spricht eine eindeutige Sprache: Ein ausgefülltes Sexleben hat oberste Priorität für ihren Wurm.

„Fünf Wurm-Taler, das ist ja schon eine enorme Summe, wenn man nur zehn Wurm-Taler insgesamt zur Verfügung hat! Aber ich habe es ein paarmal versucht, einen Taler vom Sexleben abzuziehen und ihn dem Landleben oder dem Kochen zuzuordnen. Mein Würmli bricht dann sofort in Rebellion aus! Es ist schon beeindruckend, wie man durch die Arbeit mit den Wurm-Talern ein Gespür dafür bekommt, wie wertvoll ein bestimmter Lebensbereich für das Würmli ist."

Rosi erzählt davon, dass ihr letzter Partner zwar auch regelmäßig Lust auf Sex hatte, dass sie sich jedoch des Eindrucks nicht erwehren konnte, dass er Sexualität letztendlich als etwas Sündiges betrachtete. Das war zwar nie ausgesprochen worden, aber er fand einfach keinen natürlichen Umgang mit seinem und ihrem Körper. Wenn der Sex vorbei war, dann verließ er fast fluchtartig das Bett. Es gab kein Schmusen und kein Kuscheln, zusammen in der Wanne baden wollte er nicht, von gegenseitiger Massage hielt er auch nichts.

„Einfach irgendwie lustfeindlich war der Mann. Ich brauche aber so ein rundes sinnliches Einvernehmen, wenn Sie verstehen, was ich meine. Ich möchte einen Mann, der mir an den Hintern fasst, wenn ich im Garten Himbeeren pflücke, der in meinem Nacken schnuppert und sagt, dass ich gut rieche, dessen Erregung ich spüre, wenn ich ihn zu Begrüßung umarme. Ich brauche die Körperlichkeit wie eine Blume das Wasser. So bin ich halt angelegt. Wenn ich das nicht habe, dann verkümmere ich. Das ist mir jetzt klar geworden."

Außer der Tatsache, wie sehr sie auf die sinnliche Resonanz ihres Partners angewiesen ist, hat Rosi auch noch mehr Neues über sich gelernt. „Die Kombination meiner Hauptpunkte ist auch bemerkens-

Rilke

wert, finde ich. Ich brauche unbedingt einen Mann, der mir in irgendeiner Form geistige Anregung bietet. Von ihm müssen interessante Aspekte auf das Leben kommen. Ob das nun einer ist, der sich eher politisch engagiert oder wissenschaftlich oder ökologisch, das wäre mir eigentlich gar nicht so wichtig. Ich möchte durch meinen zukünftigen Partner eine Erweiterung meines Horizontes. Sonst wird es mir langweilig. Und dann wird der Mann für mich uninteressant. Irgendeine Zusatzperspektive muss der haben, die ich nicht habe. Und dann finde ich noch ganz lustig, dass ich bei aller sinnlichen Liebe und bei den vielen interessanten Gesprächen unbedingt Zeit für mich alleine haben muss. Das war mir in der Wichtigkeit vorher noch gar nicht so klar. Da kommt man auch nicht ohne Weiteres drauf. Wenn man doch so ein erotisch interessierter Mensch ist und gerne Gedanken austauscht wie ich, dann sollte man doch eher meinen, dass ich so viel gemeinsame Zeit wie möglich mit meinem Partner zusammen verbringen möchte. Das ist für mich eigentlich auch neu, dass ich das gar nicht brauche. Ich bin eher der Typ, der ganz intensiv mit dem anderen zusammen ist und dann aber wieder den Rückzug braucht. So etwas Katzenhaftes sehe ich darin."

Und welche Konsequenzen ergeben sich nun für Rosis Suche nach dem nächsten Mann?

„Zunächst mal, dass er nicht unbedingt gerne auf dem Land leben muss. Das erweitert mein Jagdrevier ungeheuer! Wenn er gerne kocht, freut mich das. Wenn er das aber nicht tut und dafür die anderen Punkte der Talerliste stimmen, dann kann ich auch mit dem Pizzabringdienst leben. Das macht meinem Würmli gar nicht so viel aus. Aber im Bett muss es stimmen, interessante Gespräche brauche ich, und er darf keine Klette sein. Das ist doch ein prima Profil. So klar habe ich mir das vorher noch nie gemacht!"

Wir haben jedoch zwei Arten von Talern zur Verfügung, von denen erst eine Art besprochen wurde. Die „grmpfl"-Taler harren noch der Bearbeitung. Wie lautet der Auftrag bezüglich der „grmpfl"-Taler?

Die Bearbeitung vollzieht sich genauso wie bei den „bingo"-Talern, nur der Inhalt ändert sich. Die Frage lautet: Welche Handlungen oder Eigenschaften kann ich bei einem Partner oder bei einer Partnerin überhaupt und auf gar keinen Fall ertragen? Wenn man davon ausgeht, dass jeder Mensch einen oder mehrere Haken hat, dann lassen sich diese Haken danach sortieren, wie gut ich selbst damit umgehen kann. Welcher Haken fällt mir zwar negativ auf, lässt mich aber ansonsten relativ unberührt? Und welcher Haken ist für mich das absolute rote Tuch, bei dem mein Wurm sofort Hörner kriegt oder zutiefst verletzt ist?

„Oh, das kann ich dir sagen!“, ruft mein Kollege Olaf, dem ich diese Frage stelle. „Eine Frau kann für mich alle möglichen Macken haben, ohne dass es für mich ein Trennungsgrund wäre. Aber eine einzige Macke gibt es, die ist für mich ein Grund, mich sofort vom Acker zu machen. Das ertrage ich nicht, damit kann ich nicht umgehen. Das geht mir sowas von auf den Wecker, da schalte ich sofort auf stur.“

„Oh, das hört sich ja nach fetten zehn ‚grmpfl‘-Talern an, wie du dich aufregst! Jetzt bin ich aber neugierig!“

„Das sag ich dir gerne, hoffentlich lesen das viele Frauen. Ich glaube, da geht es den meisten Männern so wie mir! Was ich hasse wie die Pest, ist, wenn meine Freundin von mir verlangt, dass ich meinen Teil im Haushalt mache, und mir dann bei jedem Schritt, den ich tue, hinterhermeckert. Also, ich soll den Kühlschrank putzen. Mache ich, kein Problem. ‚Aber das muss man doch mit einem anderen Tuch putzen, und wieso hast du das denn so eingeräumt

> Bei den wirklich großen Riesen-„grmpfl“ ist von Kompromissbereitschaft dringend abzuraten.

und nicht so?‘ Ich soll die Wäsche hochbringen. ‚Aber die Handtücher legt man doch so zusammen, und die Bettwäsche faltet man aber ganz anders, und die Socken hättest du ruhig gleich in Paaren zusammentun können.‘ Ich sag’ dir, Maja, wenn ein Weibsbild so anfängt, dann schmeiß ich ihr den ganzen Krempel hin. Dann gibt es für mich nur noch ein Motto: Run, Forrest, run!“

„Und gibt es noch andere ‚grmpfl‘, die Taler wert wären?“

„Nee, also das ist wirklich mein einziges großes ‚grmpfl‘, aber das absolute Killerkommando für meine Beziehungsbereitschaft und zu keinem Kompromiss fähig.“

Wenn ein Würmli so massiv negativ auf eine Verhaltensweise reagiert, wie das bei Olaf der Fall ist, dann braucht man keine große Fantasie, um sich auszumalen, wie ein Ehealltag aussehen würde, wenn Olaf sich dazu zwingen würde, sein Würmli wegen dieser Eigenschaft seiner Partnerin in die Wurm-Schule zu schicken. Mein Rat lautet: Wenn man sich darüber Gedanken macht, ob es sinnvoll ist, mit jemandem langfristig zusammenzugehen, dann sollte der Haken dieses Menschen nicht gerade ein Thema sein, das bei mir ein Riesen-„grmpfl“ von zehn Wurm-Talern auslöst. Zu einer Ehe gehören zweifellos auch viel Arbeit und viel Mühsal, man muss wirklich echtes Bemühen investieren, um sich im Lauf der Jahre respektvoll und wertschätzend aufeinander einzustellen. Aber bei den wirklich großen Riesen-„grmpfl“ rate ich von Kompromissbereitschaft dringend ab.

Olaf ist ein Beispiel für einen Menschen, der nur ein einziges „grmpfl“ überprüfen muss, wenn er sich überlegt, ob eine Beziehung auf Dauer Potenzial hat. Es gibt auch die Variante, dass jemand eine Menge „grmpfl“ hat, die bei der Partnerwahl wie ein feines Sieb wirken.

Martha ist so ein Fall. Auf meine E-Mail mit der Bitte um eine „grmpfl"-Liste erhalte ich folgende Antwort:

> Man sollte sich klarmachen, dass eine langjährige Beziehung aus ganz viel Prozent Alltag besteht.

Martha würde im nächsten Schritt eventuell die Vielzahl ihrer „grmpfl“ ein wenig zusammenfassen. Ich könnte mir zum Beispiel vorstellen, dass „Rauchen und Trinken verbieten“ in eine gemeinsame Rubrik kommen könnten. Das würde heißen, dass sie einfach allergisch auf Gesundheitsapostel ist und sich diesbezüglich nicht permanent Vorwürfe anhören möchte. Am einfachsten wird dieses Problem gelöst, wenn man einen Partner hat, der selbst raucht und gerne Alkohol trinkt, dann ist der Lebensstil, was diesen Punkt betrifft, synchron, ohne dass man sich besonders bemühen müsste. Ich habe vor einigen Tagen im Zug in irgendeiner Zeitung eine Studie über Ehezufriedenheit gelesen, dass ähnliche Trinkgewohnheiten eine recht zuverlässige Vorhersage von Langlebigkeit einer Beziehung erlauben. Leider habe ich die Zeitung im Zug liegen lassen und kann darum an dieser Stelle keine Literaturangabe zu dieser Studie liefern. Mir ist dieser Aspekt jedoch im Gedächtnis geblieben, weil er ein Hinweis darauf ist, dass ähnliche Vorlieben in ganz grundsätzlichen Bereichen der Lebensführung das tägliche Zusammenleben enorm erleichtern. Und man sollte sich klarmachen, so mein pragmatischer Rat, dass eine langjährige Beziehung nun mal aus ganz viel Prozent Alltag besteht. Wenn dieser Alltag gut funktioniert, dann fühlt sich das schon einmal ganz prima und entspannt an und die romantische Verliebtheit kann sich in den Zwischenräumen gut entfalten. Das hört sich vielleicht für manche sehr pragmatisch an. Diese realistische Sicht des Würmlis, an ganz normalen Tagen auf ganz einfache Art und Weise möglichst viele „bingo“-Taler und möglichst wenig „grmpfl“-Taler zu sammeln, ist jedoch durchaus des Nachdenkens wert.

Zum Abschluss dieses Kapitels über die Haken im Beziehungsalltag möchte ich noch einen weiteren Perspektivwechsel anregen. Ich möchte Ihnen empfehlen, dass Sie sich einmal in Ruhe überlegen, wie sich Ihr Würmli anfühlt, wenn ihm das Gegenüber dauernd das Gefühl vermittelt, selbst der Haken zu sein. Mit anderen Worten: Wenn eine Eigenart, die Ihren Wurm zutiefst in seinem Wesen ausmacht, genau der Haken ist, der beim Gegenüber zehn „grmpfl"-Taler kostet. Man kann sich das anhand der Wurm-Typen klarmachen, über die wir schon gesprochen haben. Ein „bingo"-Dickhäuter kann sich schon ein wenig Spontaneität antrainieren. Er wird es aber, was die Fähigkeit zur fröhlichen Euphorie, zur unbeschwerten Aktionsbereitschaft betrifft, nie mit einem geborenen „bingo"-Dünnhäuter aufnehmen können. Das schafft er einfach nicht, weil es nicht seinem Naturell entspricht.

Was passiert aber, wenn ein „bingo"-Dickhäuter mit einem „bingo"-Dünnhäuter verheiratet ist, der auf seiner „grmpfl"-Liste stehen hat: sieben „grmpfl"-Taler für unspontane Menschen, die nicht in die Hufe kommen und über jede noch so kleine Aktion tagelang nachdenken müssen?

Dann ist die ureigene Wesensart dieses Würmlis der Anlass für das Gegenüber, furchtbar genervt zu sein. Und dann sollten Sie sich die Frage stellen: Will ich in einer solchen Beziehung verharren beziehungsweise will ich in eine Beziehung eintreten, in der ich durch meine bloße Existenz für den anderen dauernd „falsch" bin? Selbst wenn sich das Gegenüber wahnsinnig am Riemen reißt und mit allen Möglichkeiten, welche die Partnerschaftsliteratur anbietet, mit dieser meiner Eigenschaft angemessen umzugehen versucht, bleibt die Frage: Geht das nicht auch einfacher? Kann ich nicht einfach mit jemandem zusammensein, der ebenfalls ein starkes Bedürfnis nach

Sauberkeit hat, so wie ich? Lässt es sich nicht viel angenehmer leben, wenn sich auch meine bessere Hälfte für das Thema vegetarisches Essen erwärmt und ich nicht immer als Spinner milde belächelt werde? Ob Vorliebe für Wagner-Opern, Eisenbahn-Modellbau oder mittelalterliche Kostümspiele – egal, um welches Thema es sich handelt: Der Wurm meines Gegenübers kann darauf negativ, neutral oder positiv reagieren. Mit Neutralität lässt sich meistens eine gute Beziehung führen. „Mein Schatz zockt wieder ‚World of Warcraft', das ist seine Wochenendentspannung. Ich kann damit nix anfangen, aber wenn es ihm Freude macht, soll er doch in Ruhe am Compi sitzen." Solch eine Haltung genügt in vielen Fällen schon, dass sich ein Würmli wohlfühlen kann. Aber wegen jeder Stunde im Online-Rollenspiel miese Stimmung in der Bude, das trübt den Beziehungsalltag unwiderruflich. Darüber sollte man sich keine Illusionen machen.

Ich kenne aus meinem privaten Bekanntenkreis eine Beziehung, die permanent im Clinch darüber lag, wie oft und wie lange man Sex haben sollte. Der Mann wollte öfter als die Frau, er wollte auch nicht immer eine große Zeremonie um das Liebesleben herum, er hätte auch gerne zwischendurch mal einen Zehn-Minuten-Quicky eingeschoben. Die Frau hatte völlig andere Vorstellungen von ihrem Sexleben. Sie musste emotional und von der zeitlichen Planung her genau auf die bevorstehende körperliche Vereinigung vorbereitet sein. Sie wollte geduscht, gecremt und parfümiert sein und erwartete von ihrem Mann dasselbe. Sie braucht ein besonders beleuchtetes Zimmer und ein großes Zeitfenster nach hinten, um sich als Paar gemeinsam einzuschwingen. Für sie war Sex darum etwas Besonderes, das sie zelebrierte. Beide Seiten haben ihre Berechtigung, es gibt keine Norm, wie oft und welche Art von Sex ein Paar haben muss, um glücklich zu sein. Die Probleme entstehen, wenn die Bedürfnisse nicht deckungsgleich sind. Beide bemühten sich nach Kräften, sich aufeinander einzustellen. Sie versuchte, auch Gefallen an einem Guten-Morgen-Quicky vor dem Frühstück zu finden, er versuchte, seine spontanen Triebregungen zu drosseln. Eines Tages erfuhr ich, dass er sich inzwischen in einer Selbsthilfegruppe für Sexoholics angemeldet hatte.

Ich habe immer wieder über dieses Paar nachgedacht und möchte aufgrund dieser Interaktion zum Nachdenken anregen. Die beiden sind inzwischen weggezogen, und ich weiß nicht, wie sich ihre Beziehung weiterhin entwickelt hat. Ich habe nur den bleibenden Eindruck von unendlicher Mühsal, der sich die beiden unterzogen haben. Wie anders würde sich der Mann fühlen, wenn er mit einer Frau wie Rosi zusammen wäre? Die sein sexuelles Potenzial mit fünf „bingo"-Talern freudig annehmen würde? Und wie fühlt es sich für die Frau an, wenn man den ganzen, lieben langen Tag ständig auf der Hut sein muss, um das sexuelle Begehren des Mannes nicht anzufachen? Weil sie dauernd die ist, die „Nein, jetzt nicht" sagt und sich aus der Umarmung windet? Kommt man sich da im Lauf der Zeit nicht vor wie eine lustfeindliche Zitrone? Wäre man nicht besser mit einem Partner zusammen, der keinen so stark entwickelten Trieb und ähnlichere Vorstellungen vom Rahmen für das Liebesleben besitzt?

Eine Beziehung aus der Sicht des Wurms betrachten, heißt nicht mehr und nicht weniger, als dass sich beide Seiten der Partnerschaft die Erlaubnis geben, ihre „grmpfl" und „bingo" wahrzunehmen. Ich möchte nicht dazu aufrufen, wegen jeder Kleinigkeit sofort das Handtuch zu werfen. Ich würde mich auch völlig missverstanden fühlen, wenn meine Überlegungen als Grundlage dafür benutzt

würden, superkritisch mit der Partnerin und dem Partner umzugehen und mimosenhaft nur noch zu schauen, was dem eigenen Würmli behagt und was nicht. Beziehung heißt auch Wurm-Schule, ganz klar, das wird von allen Beteiligten verlangt. Auch von den Kindern in der Familie übrigens. Die müssen das lernen, damit sie später fähig sind, eine Partnerschaft aufrechtzuerhalten.

Aber die Frage muss erlaubt sein, wann es sich lohnt, den Wurm in die Wurm-Schule zu schicken – das heißt auch, in welchen Bereichen solch zentrale Themen meiner Existenz betroffen sind, dass ich mit allem Respekt vor dem Wertesystem und dem Anderssein meines Mitmenschen die Wahl treffe, lieber so zu bleiben, wie ich bin.

Die Überschrift über diesem Kapitel lautet: „Welchen Wurm-Typ soll ich heiraten?“ Die Antwort aus der Sicht des Wurmes lautet: Suchen Sie ein Würmli, dessen Haken für Ihren Wurm erträglich sind. Haken hat jeder Mensch, ein Wurm kann lernen, damit zu leben. Aber es muss nicht der schlimmste Zehn-Taler-Haken sein, den sich ein Wurm ein Leben lang antun muss. Und suchen Sie ein Würmli, das Ihnen auf ganz natürliche Weise über den Tag möglichst viele „bingo“-Taler beschert – ohne viel Anstrengung und paartherapeutische Interventionen, sondern einfach aufgrund der Art und Weise, wie es ganz natürlich von selbst funktioniert. Das ist die Wurm-Perspektive auf langfristige Beziehungen. Sie ist im Grunde ganz einfach. Das Würmli kommt aus der Steinzeit und denkt nicht besonders kompliziert. Wird diese Perspektive ernst genommen und in das Beziehungsgeschehen mit einbezogen, dann entfaltet sie eine große Wirkungskraft.

Wenn der Wurm schmollt

Wenn man das Liebesleben aus Wurm-Sicht untersucht, muss ein Thema, das mit Sicherheit viel Ärger verursacht, unbedingt intensiv besprochen werden. Der Wurm kann nämlich schmollen, und zwar gründlich. Und weil er das Schmollen so gründlich und nachhaltig betreibt, ergeben sich viele Möglichkeiten konfliktgeladener Dialoge zwischen zwei Personen, die sich eigentlich lieben.

Eigentlich haben wir ja eingangs gelernt, dass der Wurm sehr schnell darin ist, eine Situation zu beurteilen. „Grmpfl" und „bingo" tauchen innerhalb von wenigen Millisekunden auf. Ganz anders verhält es sich jedoch, wenn „grmpfl" einmal in einer sehr eindringlichen Situation ausgelöst wurde. So ein „grmpfl" kann ganz lang anhalten! Leider hält ein „bingo" oft weniger lang an. Woran liegt das? Aus der Sicht der Evolution ist es überlebenswichtiger, zu wissen, wo Gefahr lauert, als zu wissen, wo es angenehm ist. Jeder Profi, der sich mit Beschwerdemanagement befasst, kann bestätigen, dass ein unzufriedener Kunde viel mehr Unheil anstiften kann, als ein zufriedener Kunde für gute Stimmung sorgt. Wer einmal vergrätzt ist, bleibt das lange, und es ist extremer Einsatz notendig, um solch einen Kunden wieder zu besänftigen und zurückzugewinnen.

Ein negatives Gefühl ist weitaus mehr als ein Gedanke.

In der Liebe geht das Würmli ähnliche Wege. Ein „grmpfl", das einmal ausgelöst wurde, kann sehr hartnäckig sein. Um zu verstehen, wie diese Dauer auf der biologischen Ebene zustande kommt, hilft die Vorstellung, dass ein „grmpfl", ein sogenannter negativer somatischer Marker, auf körperlicher Ebene Spuren hinterlässt. Um einen negativen Affekt zu erzeugen, muss der Körper Hormone ausschütten, den Herzschlag ändern, die Atmung und die Muskelspannung. Ein negatives Gefühl ist weitaus mehr als ein Gedanke. Es ist nicht nur Schall und Rauch, was so schnell verschwinden kann wie eine kleine Staubwolke. Wenn ein starkes negatives Gefühl im Körper entstanden ist, haben wir viel eher eine Situation, als ob wir zu viel Wodka getrunken hätten. Nach einem Wodka-Exzess haben wir Alkohol im Blut, und unser Körper muss mit allen möglichen Vergiftungserscheinungen umgehen. Mineralien werden entzogen, und viele andere körperliche Folgen sind zu verzeichnen. Ähnlich „verkatert" sind wir auch, wenn ein kräftiger Ärger ausgelöst wurde. Was machen wir, wenn wir einen Kater haben? Geht der Kater einfach weg, wenn wir uns sagen „Ich sehe ein, Kater haben ist doof, ich will, dass der jetzt verschwindet"? Nein, von dieser Einsicht verschwindet kein Kater. Der Kater verschwindet dann, wenn die körperlichen Folgen aufgearbeitet wurden. Und genauso kann man sich die Abläufe vorstellen, wenn der Wurm ein starkes „grmpfl" hatte und im Schmollwinkel sitzt. Ich werde Ihnen solche Geschehnisse anhand eines sehr eindrücklichen Erlebnisses schildern, das mir selbst vor kurzem widerfahren ist und bei dem ich mit meinem Wurm-Wissen, das ich damals bereits besaß, deutlich besser reagiert habe, als ich das zuvor getan hätte. Die Wurmologie hat hier gewissermaßen den Tag gerettet.

Im Spätsommer war ich für einen mehrtägigen Workshop fünf Tage unterwegs. Der Workshop endete an einem Samstag um 14 Uhr. Auf der Hinfahrt hatte ich im Zug die Idee, bei der Rückfahrt schon in Triberg (und nicht erst in Singen, meinem Heimatbahnhof) auszusteigen. Mein Mann könnte mich doch dort am Bahnhof abholen, wir könnten ein schönes Hotelzimmer buchen und einen Kurzurlaub im Schwarzwald verbringen. Als kleine, goldige Belohnung für eine anstrengende Woche und als Wiedersehensfeier. Die Idee fand Anklang. Gesagt, getan – ich buchte ein feines Hotel mit Extraprädikat für Hundefreundlichkeit. Unser Hund Ludwig wiegt 75 Kilo und geht nicht gerade als Schoßhündchen durch. Da muss ein Hotel schon wirklich richtig hundefreundlich sein, so dass man sich freut, wenn der Ludwig auftaucht und sich im Eingangsbereich breitmacht.

Die ganze Woche über versüßte mir die Aussicht auf den schönen Ausklang meiner Arbeitswoche den Tag. Ich freute mich sehr darauf, meinen Liebsten zu sehen, wenn der Zug in den Bahnhof einfahren würde. Da ich meistens mit dem Zug reise, werde ich oft von meinem Mann am Bahnhof abgeholt. Ich mag diese Momente des Wiedersehens ausgesprochen gern. Auch noch nach über dreißig Jahren Beziehung hüpft mein Herz, wenn ich ihn am Bahnsteig stehen sehe, und der erste Kuss und die erste Umarmung nach der Zeit der Trennung sind immer wieder aufs Neue prickelnd und zärtlich zugleich. Danach begrüßt mich Ludwig mit aller Zuneigung, zu der nur ein Hund fähig ist, schlabbert mir ein bisschen meine guten Seminarklamotten voll und steht mit Schlammpfoten auf meinen feinen Schuhen – all das gehört zum Wiedersehensritual, das mein Herz mit großer Freude erfüllt.

Weil ich eine ganze Woche unterwegs gewesen war, hatte ich einen riesigen Koffer dabei. NEIN, nicht voller Klamotten. Ich bin eine extrem spartanische Packerin und habe im Lauf der Jahre großes Geschick darin entwickelt, auch während fünf Tagen Seminar jeden Tag schick angezogen zu sein und trotzdem minimales Gewicht mitzuführen. Nein, der Koffer war voller Unterlagen und Bücher, und wer das schon einmal transportiert hat, der weiß: Papier ist schwer. Ich hatte also dieses Monsterteil zu schleppen. Zum Zug gebracht hatte mich ein Kursteilnehmer, der mir freundlicherweise geholfen hatte, den Koffer in den Zug zu hieven. Für den Ausstieg war ja dann mein Mann da. So hatte ich mir das vorgestellt.

Bis Mannheim verläuft die Bahnfahrt nach Plan. Dann kommt eine Durchsage: „Verehrte Fahrgäste, aufgrund einer Stellwerkstörung wird unser Zug über Offenburg umgeleitet und bekommt eine Verspätung von zirka dreißig Minuten." Alle Fahrgäste stellen voll Erstaunen fest, dass der Zug zum Stehen kommt, eine Weile wartet und sich dann rückwärts wieder in Bewegung setzt. Oh weh, was ist denn jetzt los? Ich rufe meinen Mann an und berichte ihm von den unvorhergesehenen Zwischenfällen, die sich gerade ereignen. Er ist schon im Auto unterwegs Richtung Triberg, hinter ihm höre ich Ludwig hecheln.

„Weißt du was, schau doch mal im Navi nach, wie weit es nach Offenburg ist. Du kannst mich ja vielleicht auch in Offenburg abholen, wenn der Zug jetzt dorthin fährt."

„Moment, ich geb' das grad' mal in das Navi ein, das haben wir gleich ..., das sind von mir aus vierzig Minuten nach Offenburg."

„Ach nein, das lohnt sich dann nicht, dann lassen wir es bei Triberg, ich melde mich wieder, wenn ich was Neues weiß."

„Alles klar, bis später dann!"

Der Zug bleibt in Bewegung, und nach einiger Zeit meldet sich erneut eine Lautsprecherstimme mit der erfreulichen Mitteilung, dass sich die Verspätung auf zehn Minuten reduzieren wird. Super, denke ich, dann ist ja alles im grünen Bereich. Ich schreibe meinem Mann eine SMS, dass ich nur mit zehn Minuten Verspätung ankomme und widme mich beruhigt wieder meinem Reisekrimi. Kurz vor Triberg frage ich den Schaffner, ob er mir helfen kann, meinen Koffer zur Tür zu wuchten.

„Tut mir leid, ich habe es an der Bandscheibe, ich darf nicht schwer heben", ist die Antwort. Im Abteil ist an diesem Samstagnachmittag außer mir und dem rückenkranken Schaffner nur noch eine Dame von geschätzten neunzig Jahren. Sonst niemand. Also zerre ich das Ding alleine zur Tür. Der Zug fährt im Bahnhof Triberg ein, und gleich wird mein Schatz dastehen und sich freuen, mich zu sehen. Das Wetter ist wunderbar, ein herrlicher Spätsommernachmittag, blauester Himmel und prächtige Farben. Der Schwarzwald zeigt sich von seiner schönsten Seite. Wir werden ein traumhaftes Wochenende haben!

Der Zug rollt am Bahnsteig aus, und ich sehe keinen mir bekannten Mann mit Hund. Alle möglichen Leute stehen da, für mich steht niemand da. Ich öffne die Zugtür und springe auf den Bahnsteig. Niemand da für mich. Der Bandscheiben-Schaffner hat sich dünne gemacht. Die 90-Jährige ist natürlich keine Hilfe. Ich zerre den Koffer auf den Bahnsteig. Wie geht es dem Würmli? Bescheiden, würde ich mal sagen. Das Würmli ist auf jeden Fall enttäuscht, dass es keine liebevolle Begrüßungszeremonie geben wird.

„Na ja", beruhige ich mein Würmli, „er hat vermutlich keinen Parkplatz gefunden, er wird sicher gleich auftauchen." Das Würmli ist verschnupft, aber es will sich den schönen Tag nicht vermiesen

B1
2
2

lassen und schöpft Hoffnung. Nach fünf Minuten warten ist der Bahnsteig leer, alle anderen Leute wurden abgeholt, nur ich stehe mit meinem Trumm von Koffer allein und verlassen da, wie bestellt und nicht abgeholt. Das Würmli ist nun doch einigermaßen betrübt.

„Vielleicht hat er mich missverstanden und wartet mit dem Ludwig draußen auf dem Parkplatz", denke ich mir. Ich stelle das Koffertrumm auf die Rollen und ziehe es in Richtung Unterführung. Einen Aufzug zum Verlassen des Bahnsteiges gibt es natürlich nicht. Was machen Rollifahrer in Triberg, wenn sie auf Gleis 2 wollen? Gibt es wenigstens ein Gepäckband an der Treppe? Oh fein, in der Tat ein Gepäckband. Das Würmli macht einen kleinen Freudenhüpfer.

Der Koffer wird auf das Gepäckband gezerrt, das Gepäckband bewegt sich keinen Millimeter. Es funktioniert nicht. Der Wurm kotzt ab. Das darf doch wohl alles gar nicht wahr sein. Ich glaube, ich kann Ihnen die Beschreibung ersparen, wie man als Frau mit einer Handtasche um die Schultern und einer Essenstüte unterm Arm einen Riesenkoffer eine steile Granittreppe hinunterschleppt. Und natürlich am Ausgang wieder hochzerrt, denn dort gibt es schon gar kein Gepäckband. Ich bin rot im Gesicht und außer Puste, und der Wurm ist ziemlich sauer. Und geknickt. Und enttäuscht. Und wütend. Und verlassen, vergessen, einsam und unbeachtet. Eine ganz schlimme Mischung von Affekten.

Und auf dem Parkplatz, stand da vielleicht ein Auto mit Mann und Hund? Dreimal dürfen Sie raten. Sie ahnen es schon. Wenn jetzt nämlich mein Mann mit dem Hund ganz einfach auf dem Parkplatz gestanden und mich freudestrahlend in die Arme genommen hätte, wäre diese Geschichte nicht so prägnant und würde sich auch nicht so gut als Beispiel für einen Schmoll-Wurm eignen. Nein. Die Geschichte bekommt ihr enormes didaktisches Potenzial durch die

Tatsache, dass auf dem Parkplatz weit und breit weder Auto noch Mann noch Hund zu sehen waren. Vier asiatische Touristen fragten mich nach den Triberger Wasserfällen. Eine Mutter mit Kind saß am Kiosk und beschäftigte sich mit dem klecksfreien Verzehr eines schmelzenden Eises am Stiel. Ein herrenloser Rüde mit struppigem Fell pinkelte an die Mülltonne. Das war's. Und ich ließ mich auf meinem Koffer nieder. Dazu eignete er sich immerhin gut, dank seiner Größe. Man konnte sehr bequem darauf sitzen.

„Wo ist dieser Typ, Menschenskinder, das gibt's doch gar nicht." Die Stimmung war jetzt endgültig in den Keller gerutscht. Ich packte mein Handy aus. Keine Nachricht von ihm. Ich wählte seine Nummer. Ging nicht. Kein Netz. Super. Super, super, ganz prima. Hier saß ich jetzt, kein Mensch da, kein Netz fürs Handy. Was blieb mir anderes übrig, als zu warten.

Wie ging die Geschichte weiter? Natürlich kam mein Mann nach einiger Zeit angefahren. Und jetzt beginnt die interessante Wurm-Episode, um derentwillen ich den Beginn der Geschichte so ausführlich geschildert habe. Denn all das, was das Würmli im Vorlauf zu dem Geschehen, das ich gleich schildern werde, erlebt hat, trug dazu bei, dass mein Würmli in eine Affektlage geraten war, die mit zehn „grmpfl"-Talern noch ausgesprochen milde beschrieben ist.

„Oh je, wartest du schon lange?", fragt mein Mann sofort besorgt, nachdem er hastig aus dem Auto gestiegen ist. „Stell dir vor, was ich für einen Mist gebaut habe! Ich bin eine Viertelstunde lang Richtung Offenburg gefahren! So ein Blödsinn! Ich war so super pünktlich unterwegs, und dann fahre ich in Richtung Offenburg!"

„Wieso das denn?", frage ich säuerlich. „Du hattest doch das Navi an."

„Na, genau deswegen!", ruft er. „Du hast dich doch von unterwegs gemeldet wegen der Verspätung. Und hast gefragt, wie lange ich nach Offenburg brauche, um zu überlegen, ob ich dich von dort abholen soll. Da habe ich Offenburg in das Navi eingegeben, um zu schauen, wie lange es dorthin dauert. Und dann habe ich einfach vergessen, das Navi wieder auf Triberg umzustellen. Ich fahre weiter und sehe ein Schild Triberg. Das Navi aber sagt ‚geradeaus'. Eigentlich habe ich mich schon gewundert, aber ich habe deine Stimme gehört, die mir immer einbläut: ‚Mach das, was das Navi sagt', und bin dem Navi gefolgt."

Da hatte er völlig recht, ich mahne immer, dem Navi zu folgen. Mein Mann hat ein ganz seltsames Hobby. Es besteht darin, mit dem Navi zu streiten. Das geht folgendermaßen: Man gibt einen Zielort in das Navi ein, hat aber selbst gleichzeitig eine ziemlich präzise

Vorstellung davon, wie der Zielort zu erreichen sei. Der Fuß tritt aufs Gaspedal, das Auto bewegt sich vom Hof, und das Navi beginnt mit der Zielführung. Bei der ersten Möglichkeit abzubiegen, wird eine heftige Diskussion mit dem Navi begonnen, die darin besteht, Zweifel an der vorgeschlagenen Route anzubringen, teilweise in hoch erregtem Tonfall. Für mich als Beifahrerin ist dieses Gebaren manchmal amüsant, manchmal nervtötend, je nach psychischer Tagesverfassung. Am absurdesten finde ich, dass mein Mann mit dem Navi spricht, als sei es ein lebendes Wesen. „Spinnst du eigentlich, hier biege ich nicht links ab, das könnte dir so passen, kommt gar nicht in Frage!" – „Haha. Kehren Sie, wenn möglich, um, da haste dich aber geschnitten, hier kehrt niemand um!" – „Von wegen zehn Kilometer geradeaus, wir nehmen hier die Abkürzung, das musst du schon schlucken!" Ist meine Tagesverfassung eher schwach, schalte ich mich jeweils nach einiger Zeit in diese Debatte ein. Ich sage, dass es

vernünftigerweise zwei Möglichkeiten gibt: Entweder man weiß selbst, wie die Route verläuft, und lässt das Navi ausgeschaltet. Oder man kennt den Weg eben nicht, aktiviert deswegen das Navi und richtet sich in dem Fall schlicht nach ihm. Die Mischform, mit dem Navi zu diskutieren, als sei es ein Lügner, kommt mir seltsam und uneffektiv vor. Mein Bruder hat dieses Hobby übrigens auch. Ich habe den Eindruck, dass das Navi-Bashing unter Männern weitaus verbreiteter ist als unter Frauen. Mir konnte noch niemand erklären, weshalb. Sei's drum. Zurück zum Triberger Bahnhof. Mein Mann hatte also völlig recht, ich sage immer, er solle dem Navi folgen. Er hat in meinem Sinne gehandelt, als er sich nach Offenburg leiten ließ.

„Irgendwann kam mir alles immer seltsamer vor, und dann ist mir auf einmal klar geworden, dass ich das Navi nicht wieder auf Triberg umgestellt hatte!"

„Und warum hast du mir keine Nachricht geschickt, dass du später kommst? Ich sitze hier und weiß von gar nix!"

„Ich hab dir eine SMS geschickt, gleich nachdem ich das bemerkt hatte!"

„Ich habe nix bekommen!"

Wie kann das sein? Wieso habe ich keine SMS bekommen? Na klar! Hier ist ja kein Netz! In der Tat, als wir in Richtung Hotel unterwegs waren und auf meinem Handy wieder die kleinen Fliegenbeinchen für Netzempfang erschienen, trudelte die SMS von meinem Mann ein. Also war eigentlich alles klar. Es hatte sich um einen Irrtum gehandelt, er war pünktlich unterwegs gewesen, der Irrtum war eigentlich mehr lustig als ärgerlich, und eine SMS geschrieben hatte er auch. Aus der Sicht des Verstandes lag überhaupt kein Grund vor, länger sauer zu sein. Alles hatte sich aufgeklärt. Man hätte sofort in das schöne Wochenende starten können.

Für den Verstand war die Sache vollständig abgehakt. Aber der Wurm war verkatert!

Für den Verstand war die Sache vollständig abgehakt. Aber der Wurm war verkatert! In diesem Moment konnte ich bei mir selbst das interessante Phänomen beobachten, dass meine negative Affektlage weiterhin anhielt, obwohl der Verstand sich von der bestehenden Verdüsterung völlig erholt hatte! Mein Kopf war wieder völlig klar, aber der Wurm bockte. Was macht man in so einer Situation? Ich kann Ihnen ganz klar sagen, wie sich die Interaktion in früheren Jahren weiterentwickelt hätte, bevor ich mein ganzes Wurm-Wissen angesammelt hatte. Ich hätte meiner Stimmung weiter freie Bahn gelassen. Nicht, weil ich besonders zickig oder streitsüchtig bin, sondern weil so eine starke negative Stimmungslage einfach eine große Wirkungskraft auf das Verhalten ausübt. Man kann sich ihr nicht ohne Weiteres entziehen.

Früher hätte ich einfach meine schlechte Laune weiter ausgedrückt. „Das ist echt sowas von blöd für mich, da rumzusitzen wie bestellt und nicht abgeholt! Und diesen elenden Koffer zu wuchten! Ich bin stinksauer! Und die Schulter habe ich mir auch völlig verspannt!" So hätte ich in etwa weiter gejammert.

„Es tut mir ja leid, ich habe dir doch erklärt, was los war", hätte mein Mann geantwortet.

„Du hast ja keine Ahnung, wie es mir geht!"

„Doch, das hab ich schon, was soll ich denn sonst noch sagen, außer, dass es mir leid tut!"

„Nix kann man sagen, es ist voll Kacke, und mir geht es beschissen, und du hast offenbar überhaupt kein Verständnis für mich!"

„Ich habe schon Verständnis für dich, aber irgendwann muss es ja auch wieder gut sein!"

„Ach, so stellst du dir das vor! Als könnte man Gefühle an- und ausknipsen! So geht das aber nicht. Erst versetzt du mich, und dann soll alles mit einem Fingerschnips wieder erledigt sein? Das geht so nicht, mein Lieber."

„Also, weißt du, mir reicht das jetzt allmählich. Reg dich wieder ab. Ich mach diesen Zirkus jetzt nicht mehr mit."

Irgendwann im Verlauf eines solchen Dialogs war mein Mann früher in Schweigen verfallen. Was wiederum bei mir heftige Affekte auslöste, denn den Dialog zu verweigern, brachte mich zur Weißglut.

„Jetzt sag halt mal was!", forderte ich dann regelmäßig nach einer gewissen Zeit der Stille.

„Was soll ich denn sagen? Ich habe alles gesagt, was nötig ist."

„Jetzt soll ich dir auch noch sagen, was du sagen sollst. Da wird dir doch wohl was einfallen! Wie wär's mit einer Entschuldigung?!"

„Ich habe mich schon entschuldigt, gleich am Anfang. Mehrfach. Das muss genügen."

„Das ist jedes Mal dasselbe. Irgendwann brichst du den Dialog ab, und ich muss mich damit zufriedengeben."

Und so weiter und so weiter.

Der Tag wäre komplett gelaufen gewesen, in schlimmen Fällen konnte sich solch eine Interaktion auf zwei Tage ausweiten, je nach Grundsatzdebatte, die sich daraus ergab.

Aus der Sicht eines Wurms ist diese Verstimmung ganz natürlich. Denn die negative Affektlage verschwindet nicht auf einen Fingerschnips hin. Aus der Sicht des Verstandes ist das Ausmaß des Ärgers völlig unangemessen. Niemand hatte eine böse Absicht, es war ein Zusammentreffen dummer Umstände, weiter nichts. Die Eskalation rührt daher, dass der Wurm schmollt und für den Wechsel der Stimmungslage Zeit braucht. Wenn man in dieser Wartezeit, die man in der Wissenschaft „Refraktärzeit des negativen Affekts" nennt, weiter kommuniziert, kommt überhaupt nichts Sinnvolles dabei heraus.

Wenn der Wurm schmollt, braucht er in erster Linie Zeit und Ruhe.

Haben Sie schon mal versucht, mit einem Besoffenen ein vernünftiges Gespräch zu führen? Geht nicht. Beobachten Sie mal auf dem Oktoberfest, wie schnell die Fäuste fliegen, wenn die Interaktionspartner zu viel Alkohol intus haben. Genau dasselbe passiert, wenn man einen verkaterten, schmollenden Wurm hat. Der hat eine Überdosis Affektschnaps getrunken und ist nicht in der Lage, sich vernünftig zu verhalten. Man muss ihn einfach in eine Ausnüchterungszelle sperren und abwarten, bis der Rausch ausgeschlafen ist.

Inzwischen, mit meinem Wurm-Wissen, war mir das alles klar. Darum sagte ich in Triberg: „Okay, ist dumm gelaufen. Fahr einfach zum Hotel. Erst einmal ankommen."

Vor allem und am wichtigsten: Ich habe nichts mehr gesagt. Ich war einfach still, schaute aus dem Fenster und versuchte, meine Aufmerksamkeit auf schöne Aspekte der Umgebung zu lenken. Außerdem praktizierte ich tiefe Bauchatmung, ein bewährtes Mittel zur Regulation von negativen Affekten. Im Hotel angekommen, wünschte ich mir als erste Maßnahme einen Spaziergang durch den Wald. Bewegung ist, genauso wie Bauchatmung, ein verlässliches Mittel zum Abbau von Spannungen. Küssen und Umarmen hilft auch. Alle diese Maßnahmen haben eine Gemeinsamkeit: Sie haben mit dem Körper zu tun. Wenn der Wurm schmollt, braucht er in erster Linie Zeit und Ruhe. Unterstützen können Sie seine Genesung durch Maßnahmen auf der Körperebene. Reden hilft auf jeden Fall nur sehr beschränkt. Mein Tipp wäre, auf jeden Fall die Zunge zu hüten und lieber fein still zu sein. Ein schmollender Wurm kann sowas von boshaft, verletzend und ungerecht sein, dass der andere unter Umständen Tage damit zu tun hat, die Worte, die in so einer Situation gefallen sind, zu verdauen.

Nach einer Stunde hatte sich mein Wurm vollständig beruhigt. Damit meine ich nicht, dass ich zähneknirschend mit Würge-Wurm zur Tagesordnung übergegangen bin. Nein, ich meine damit viel mehr: Mein Würmli war komplett wiederhergestellt. Es war genauso fröhlich, wie es auf der ganzen Zugfahrt gewesen war. Die Stimmung war prima, alles war vergessen, und mir war sogar noch der wunderbare Einfall geschenkt worden, dass ich aus diesem Missgeschick ein Kapitel für das Buch vom Wurm und von der Liebe entwickeln könnte!

Wenn man damit beginnt, sich mit der Welt des Wurms zu befassen, mag man es vielleicht seltsam finden, dass es eine Stunde dauert, bis ein Wurm solch eine idiotische Situation verdaut hat. Ich kann dazu nur sagen: Unterschätzen Sie niemals die Macht des Wurms! Ich selbst habe ein „grmpfl"-Dünnhäuter-Würmli, und das, was ich Ihnen eben beschrieben habe, ist die Realität, mit der sich ein „grmpfl"-Dünnhäuter-Würmli auseinanderzusetzen hat. Der Partner oder die Partnerin eines solchen Würmlis hat es wohl oder übel auch damit zu tun, ob das nun angenehm ist oder nicht. Besser, man erkennt diese Tatsache an, als sie zu Blödsinn zu erklären. Dadurch, dass man ihr die Existenzberechtigung abspricht, verschwindet sie nicht aus dem Beziehungsgeschehen, das kann ich Ihnen versichern!

1
BINGO

Zusammenleben im Wurmiversum

Vor einiger Zeit kam mir das Wort „Wurmiversum" in den Sinn, eine Wortschöpfung aus der Verbindung von „Wurm" und „Universum". Sich im Wurmiversum auszukennen, bringt viele Vorteile für das Zusammenleben mit sich.

Zunächst einmal sind gute Ortskenntnisse im eigenen Wurmiversum die wichtigste Basis für ein gutes Zusammenleben. Nur eine Person, die mit den Bedürfnissen des eigenen Wurms vertraut ist und sich auch traut, diese Bedürfnisse klar anzumelden, ist als Gegenüber wahrnehmbar. Nur wer wahrnehmbar ist, kann als Verhandlungspartner ernst genommen werden. So seltsam es anmuten mag: Sinnvolle Rücksichtnahme ist nur demjenigen möglich, der sich völlig im Klaren darüber ist, wie groß das Opfer ist, das sein Wurm bringen muss, um einem anderen einen Gefallen zu tun. Rücksicht kann nur dann ohne Groll und von Herzen ausgeführt werden, wenn der Wurm einverstanden ist und aus freien Stücken verzichtet. Ein Zurückstellen der eigenen Bedürfnisse, das auf der Basis von Wurm-Würgung stattfindet, hat unter keinen Umständen förderliche Effekte auf die Partnerschaft. Im Übrigen auch nicht auf die Eltern-Kind-Beziehung.

Ich beschäftige mich jetzt schon so lange Zeit damit, Menschen dabei zu unterstützen, ein zufriedenes Leben zu führen. Und ich begegne immer wieder diesem einen großen Irrtum, man sei dann ein guter Partner oder eine gute Partnerin, wenn man sich selbst zurücknehmen könne. Glauben Sie mir: Das Gegenteil ist der Fall! Natürlich sprechen wir hier nicht von rücksichtslosen Egoisten, die sämtliche anderen Würmer in ihrer Umgebung einfach plattmachen. Ich spreche von der Unmenge an liebevollen Zeitgenossen, die wirklich nur das Beste für den geliebten Menschen im Sinne haben. Und die in bester Absicht den eigenen Wurm würgen und damit leider Gottes genau das Gegenteil von dem erreichen, was sie eigentlich anstreben. Auf lange Sicht riskieren sie eine nachhaltige Verbitterung ihres Wurms, heimliche Rachsucht und Griesgrämigkeit. Irgendwann wird die Beziehung zum Gefängnis, und man hat das Gefühl, ausbrechen zu müssen. Das beste Rezept dafür, dass es nicht so weit kommt, ist eine gute Ortskenntnis im eigenen Wurmiversum.

Gleich nach der Ortskenntnis kommt die zweite wichtige Kompetenz: die Kenntnis der Landessprache im Wurmiversum. Lernen Sie Wurmisch! Damit meine ich, dass man in der Lage sein sollte, die eigenen somatischen Marker zu entziffern und zuverlässig in Verstandessprache zu übersetzen. Trauen Sie sich, zunächst einfach mal nur „grmpfl“ zu sagen, wenn ein „grmpfl“ auftaucht. Und nehmen Sie sich die Zeit, das „grmpfl“ sorgfältig zu übersetzen. Werden Sie zum Dolmetscher für Ihren Wurm. Und weil Sie ja einen anderen Menschen lieben, ist es auf jeden Fall sinnvoll, die Dolmetscherdienste auch für das geliebte Gegenüber zur Verfügung zu stellen. Wenn Sie Ihre bessere Hälfte schon eine Weile kennen, dann können Sie vielleicht manchmal sogar schon ganz früh beobachten, wenn sich beim anderen der Wurm meldet. Manchmal sieht ein anderer Mensch die Wurm-Reaktion sogar viel schneller als der Wurm-Besitzer oder die Wurm-Besitzerin selber. „Ach, ich sehe schon, das gefällt deinem Würmli gar nicht! Da müssen wir uns was einfallen lassen!“ Wenn so eine Bemerkung in einem liebevollen Kontext ausgesprochen wird, dann fühlt sich das Würmli des anderen wohl, weil es wahrgenommen wird und Wertschätzung erfährt. Probieren Sie es aus! Sie werden feststellen, dass es in der darauffolgenden Sequenz, in der beide gemeinsam nach Lösungen suchen, überhaupt nicht darum geht, dass ein Würmli einfach nur seinen Willen durchsetzen will. In ganz vielen Fällen wird es bereits völlig friedlich gestimmt, wenn es weiß, dass man sich Mühe gibt, seine Wurm-Sprache zu verstehen und zu übersetzen. Das Würmli hat dann seinen Platz und ist ein vollwertiges Mitglied der Gemeinschaft. Das ist eine wunderbare Basis für Verhandlungen.

Wer im Wurmiversum der gemeinsamen Beziehung gut unterwegs ist, kennt nach einiger Zeit die gefährlichen Feuerstellen, an denen Wurm-Suppe gekocht wird. Man merkt sofort, wenn das Brennholz gesammelt wird, und man hütet sich davor, mit dem Zunderschwamm zu spielen. Falls der Wurm dann doch einmal in die Suppe gefallen ist und im brodelnden Sud verzweifelt um Hilfe ruft, dann retten Sie den armen Tropf bitte sofort und unternehmen Sie alle nötigen Wiederbelebungsmaßnahmen. Wohlgemerkt: Dies gilt sowohl für den eigenen Wurm als auch für die Würmli der Menschen, die Sie lieben und denen Sie ein fröhliches Leben wünschen.

Dass es im Wurmiversum verschiedene Einwohnerinnen und Einwohner in Form von Wurm-Typen gibt, die alle ihre uneingeschränkte Existenzberechtigung mit dauerndem Aufenthaltsrecht genießen, das versteht sich von selbst, darüber muss ich keine Worte mehr verlieren. Was ich noch einmal in Erinnerung rufen möchte, ist die Währung. Verhandlungen und Tauschgeschäfte finden mit Wurm-Talern statt. Welchen Wert eine bestimmte Aktion in Wurm-Talern hat, das muss man nicht mit dem Verstand diskutieren. Der

Wurm darf seine Taler auf den Tisch donnern, und genau dieser Betrag wird akzeptiert. Über Wurm-Taler lässt sich nicht streiten. Was man aber kann, ist mit Wurm-Talern Handel treiben und schauen, wie man „bingo"-Taler vermehrt und „grmpfl"-Taler verringert.

Liebe Leserin, lieber Leser, nun haben Sie sich eine Menge Kenntnisse einer Welt erworben, deren Bedeutung in meinen Augen nicht hoch genug eingeschätzt werden kann, wenn Sie die Absicht haben, eine lange glückliche Beziehung zu führen.

Ich wünsche Ihnen viel Spaß mit Ihrem Würmli und mit den Würmli der Menschen, die Sie lieben.

Ihre Maja Storch

Maja Storch

Weiterführende Literatur

Eilers, G. & Storch, M. (2015). Dolce Vita mit Diabetes. Ein genussvoller Leitfaden für den Umgang mit Diabetes. Bern: Hogrefe.

Küttel, Y., Hubatka, B. & Storch, M. (2014). Ich packs! ZRM-Praxiswerkstatt Gefühlskompetenz. Bern: Verlag Hans Huber.

Scheffler, A. & Donaldson, J. (2012). Superwurm. Weinheim: Beltz & Gelberg.

Storch, J., Morgenegg, C., Storch, M. & Kuhl, J. (2016). Ich blicks! Verstehe dich und handle gezielt. Bern: Hogrefe.

Storch, J. & Storch, M. (2016). So können starke Männer starke Frauen lieben. München: Herder.

Storch, M. & Kuhl, J. (2012). Die Kraft aus dem Selbst. Sieben PsychoGyms für das Unbewusste. Bern: Verlag Hans Huber.

Storch, M. & Tschacher, W. (2016). Embodied Communication. Kommunikation beginnt im Körper, nicht im Kopf. Bern: Hogrefe.

Gemeinsam gegen den Stress!

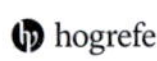

Guy Bodenmann

Bevor der Stress uns scheidet

Resilienz in der Partnerschaft

2., unveränd. Aufl. 2016. 272 S., Kt
€ 24,95 / CHF 32.50
ISBN 978-3-456-85613-1
Auch als eBook erhältlich

Der Paartherapeut und Psychologe Guy Bodenmann zeigt die Ursachen auf, aber bietet vor allem konkrete Hilfestellungen für Paare, die dieser Bedrohung frühzeitig oder auch in einer akuten Krisensituation begegnen möchten. Wissenschaftlich fundiert und anhand von vielen Beispielen anschaulich dargestellt bietet dieser Ratgeber echte Hilfe für ein glückliches und erfülltes Leben in Partnerschaft, Ehe und Familie.

www.hogrefe.com